ABAP-Programmierung unter SAP® HANA

Rüdiger Deppe

Willkommen bei Espresso Tutorials!

Unser Ziel ist es, SAP-Wissen wie einen Espresso zu servieren: Auf das Wesentliche verdichtete Informationen anstelle langatmiger Kompendien – für ein effektives Lernen an konkreten Fallbeispielen. Viele unserer Bücher enthalten zusätzlich Videos, mit denen Sie Schritt für Schritt die vermittelten Inhalte nachvollziehen können. Besuchen Sie unseren YouTube-Kanal mit einer umfangreichen Auswahl frei zugänglicher Videos:

https://www.youtube.com/user/EspressoTutorials.

Kennen Sie schon unser Forum? Hier erhalten Sie stets aktuelle Informationen zu Entwicklungen der SAP-Software, Hilfe zu Ihren Fragen und die Gelegenheit, mit anderen Anwendern zu diskutieren:

http://www.fico-forum.de.

Eine Auswahl weiterer Bücher von Espresso Tutorials:

► Dr. Boris Rubarth: Schnelleinstieg in ABAP®
   http://5033.espresso-tutorials.com

► Thomas Stutenbäumer: SAP® Praxishandbuch ABAP Teil 1 – Konzeption, Entwicklung und Debugging
   http://5046.espresso-tutorials.com

► Thomas Stutenbäumer: SAP® Praxishandbuch ABAP Teil 2 – Performance, Erweiterungen, Transportwesen
   http://5111.espresso-tutorials.com

► Corinna Zollmann: Praxishandbuch SAPscript für SAP® ERP
   http://5075.espresso-tutorials.com

► Marcel Schmiechen: Adobe® Interactive Forms – Interaktive Formulare in SAP®
   http://5125.espresso-tutorials.com

► Christoph Lordieck: SAP® -Schnelleinstieg: ABAP-Entwicklung in Eclipse
   http://5153.espresso-tutorials.de

► Ulrich Bähr, Axel Treusch: Praxisbuch SAP® Interactive Forms und Adobe LiveCycle Designer
   http://5158.espresso-tutorials.de

► Rüdiger Deppe: Schnelleinstieg in SAP® ABAP Objects
   http://5094.espresso-tutorials.com

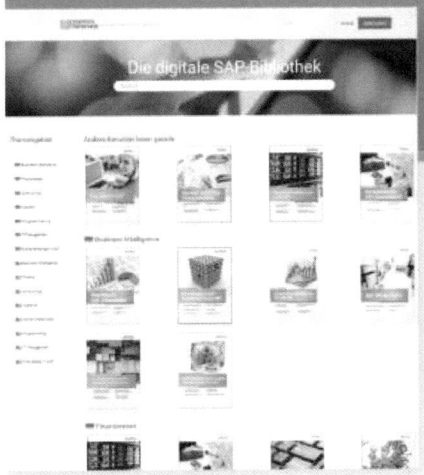

Bibliografische Information der Deutschen Bibliothek
Die Deutsche Bibliothek verzeichnet diese Publikation in der Deutschen Nationalbibliografie; detaillierte bibliografische Daten sind im Internet über http://dnb.ddb.de abrufbar.

Rüdiger Deppe
ABAP-Programmierung unter SAP® HANA

ISBN:	978-3-960128-60-1
Lektorat:	Anja Achilles
Korrektorat:	Christine Weber
Coverdesign:	Philip Esch
Coverfoto:	fotolia #110387000 | krushelss
Satz & Layout:	Johann-Christian Hanke

Alle Rechte vorbehalten

1. Aufl. 2017, Gleichen

© Espresso Tutorials GmbH

URL: www.espresso-tutorials.*de*

Feedback:
Wir freuen uns über Fragen und Anmerkungen jeglicher Art. Bitte senden Sie diese an: *info@espresso-tutorials.com*.

Inhaltsverzeichnis

5

Vorwort

Mit der aktuellen HANA-Generation ist für die SAP-Software ein neu-es Zeitalter angebrochen. 1973 startete SAP mit der Technologie von RF (radio frequency). Sie war für den Einsatz in der Finanzbuchhal-tung gedacht. 1975 kam R/1, wobei diese Software nur auf dem System /360 von IBM verwendet werden konnte. Bis zu diesem Zeitpunkt war Assembler die gängige Programmiersprache. 1975 wurden R/1 durch R/2 und die Programmiersprache Assembler durch ABAP ab-gelöst, um einen Einsatz auf Großrechnern zu ermöglichen. 1993 startete R/3 in einer Client-Server-Architektur, wodurch SAP mit der nun angebotenen ERP-Software einen enormen Aufschwung erfuhr.

Erste Ansätze einer HANA-Technologie kamen 2007 zum Einsatz. Die SAP-HANA-Datenbank fungierte zunächst als *Side-by-Side-Szenario* neben einer vorhandenen traditionellen Datenbank. SAP HANA bildete dabei die *Sekundärdatenbank*, die traditionelle war die *Primärdatenbank*. Schon bald konnte SAP HANA aber auch als allei-nige Datenbank genutzt werden.

Im Februar 2015 setzte SAP schließlich mit der als S/4 HANA be-zeichneten Technologie einen weiteren Meilenstein.

Die Basis dieser neuen Technologie bilden die leistungsfähige In-Memory-Plattform SAP HANA und die moderne Benutzeroberfläche SAP Fiori. Datenmodelle und Benutzerführung wurden radikal verein-facht. Zudem gibt es nun Cloud-Lösungen, die mit einem zentralen Host-System verbunden sind.

Als *In-Memory-Verarbeitung* bezeichnet man die Tatsache, dass die Datenbank nicht mehr auf einem eigenen Datenbankserver abgelegt ist, sondern sich gemeinsam mit den Programmdaten im Hauptspei-cher des Applikationsservers befindet. Programm und Datenbank verschmelzen miteinander; Rechenvorgänge, die vorher mehrere Stunden Laufzeit benötigten, werden jetzt innerhalb weniger Minuten bis Sekunden durchgeführt.

Was bedeutet das für Sie als Entwickler? Wie müssen Sie Ihre gewohnte Vorgehensweise umstellen? Diese Fragen werden mit diesem Buch beantwortet.

Für Anwendungen im Umfeld von SAP HANA gibt es spezielle *Acceleratoren* (Beschleuniger), deren Vorteile auf der Hand liegen: Keine zusätzlichen Datenbankaggregate, extrem gute und v. a. konstante Zugriffszeiten, da das Risiko eines Zugriffs auf nicht definierte Aggregate nicht mehr besteht.

Für den ABAP-Entwickler wurde 2012 das HANA-optimierte SAP-Release 7.4 herausgebracht, welches umfassende Änderungen in der ABAP-Programmiersprache mit sich brachte. Der Leser dieses Buches findet viele Übungsprogramme, mithilfe derer er seine hier gelernte Theorie gleich in die Praxis umsetzen kann. Für die Beispielprogramme dieses Buches ist die ABAP-Version 7.4. erforderlich.

Während Sie bisher Datenbankprozeduren mithilfe von Open SQL programmiert haben, werden Sie sehen, dass Native SQL in HANA zu erheblichen Performancegewinnen führt. Damit Open SQL von der Datenbankschnittstelle nicht erst aufwendig in Native SQL umgeformt werden muss, ist es besser für die Performance, wenn Sie schon direkt in Native SQL schreiben. Sie werden auch SQLScript kennen- und einsetzen lernen.

Bei den Beispielselektionen wird Ihnen immer wieder auffallen, dass die Namen der Datenbanktabellen mit dem Zusatz »SAPDEA« ergänzt wurden. Hierbei handelt es sich um ein sogenanntes *Datenbankschema*, welches Ihnen in Verbindung mit der Eclipse-Plattform im ersten Kapitel näher beschrieben wird. Wenn Sie die Selektionsbeispiele auf Ihrem eigenen Rechner nachvollziehen, müssen Sie den Namen dieses Datenbankschemas gegen den Ihres Datenbankschemas austauschen.

Im Release ABAP 7.4 hat sich die ABAP-Sprache sehr verändert. Viele Anweisungen, die sie seit vielen Jahren gewohnt sind, wurden in Funktionen umgewandelt.

Neue ABAP-Techniken

 Detaillierte Informationen über alle Neuerungen in ABAP 7.4 erhalten Sie im SAP-System unter der Transaktion ABAPDOCU. Wählen Sie dort den Link ABAP – RELEASEABHÄNGIGE ÄNDERUNGEN.

Um Ihnen den Umstieg leicht zu machen, werde ich am Anfang des Buches jedes Listing in zwei Varianten schreiben: zum einen im neuen und zum anderen im alten ABAP.

In Kapitel 1 stelle ich Ihnen die neue HANA-Datenbank vor. Außerdem führe ich Sie in die Handhabung der Entwicklungsplattform Eclipse ein, welche für die Entwicklung von HANA-Objekten unentbehrlich ist. In Kapitel 2 zeige ich Ihnen die Verwaltung der HANA-Objekte und führe Sie in die bei HANA-wichtigen Sprachen Native SQL und SQLScript ein. Außerdem werden Sie die Formen der optimierten Datenbankzugriffe unter HANA sowie alternatives Programmieren im reinen ABAP kennenlernen. In Kapitel 3 erläutere ich Ihnen exemplarisch die Textsuche und die Verwendung von Entscheidungstabellen als zwei der neuen Funktionsweisen unter der HANA-Datenbank.

Danksagung

Ich bedanke mich beim Team von Espresso Tutorials für die Unterstützung bei der Erstellung dieses Buches, v. a. bei Anja Achilles, Johann-Christian Hanke und Martin Munzel. Außerdem bedanke ich mich bei meiner Frau Ivon für den administrativen Beistand.

Im Text verwenden wir Kästen, um wichtige Informationen besonders hervorzuheben. Jeder Kasten ist zusätzlich mit einem Piktogramm versehen, das diesen genauer klassifiziert:

Hinweis

 Hinweise bieten praktische Tipps zum Umgang mit dem jeweiligen Thema.

Beispiel

 Beispiele dienen dazu, ein Thema besser zu illustrieren.

Warnung

 Warnungen weisen auf mögliche Fehlerquellen oder Stolpersteine im Zusammenhang mit einem Thema hin.

Zum Abschluss des Vorwortes noch ein Hinweis zum Urheberrecht: Sämtliche in diesem Buch abgedruckten Screenshots unterliegen dem Copyright der SAP SE. Alle Rechte an den Screenshots hält die SAP SE. Der Einfachheit halber haben wir im Rest des Buches darauf verzichtet, dies unter jedem Screenshot gesondert auszuweisen.

1 SAP HANA – Einführung

In diesem Kapitel führe ich Sie in die Begriffswelt der HANA-Datenbank ein. So können Sie beim Thema SAP HANA gut mitreden. Außerdem erhalten Sie einen ersten Einblick in die Entwicklungsplattform Eclipse.

1.1 Grundbegriffe von SAP HANA

SAP HANA ist eine *In-Memory Database*. Sie befindet sich im Hauptspeicher des Applikationsservers. Während früher die Programme getrennt von den Datenbanken gelagert wurden, können jetzt Datenbankprozeduren direkt in der SAP-HANA-Datenbank gespeichert werden. Mit dieser werden gleichzeitig viele neue Tools ausgeliefert, die vom ABAP-Entwickler für die Bearbeitung in dieser Umgebung genutzt werden können.

Begriff SAP HANA

 HANA ist die Abkürzung von *High Performance Analytical Appliance*. Gemäß dem Namen diente die Anwendung in ihren Anfängen für die Echtzeitverarbeitung analytischer Szenarien wie BW (Business Warehouse). Im Laufe der Zeit wurde sie aber zunehmend auch für normale transaktionale Szenarien eingerichtet.

Die HANA-Datenspeicherung kann sowohl zeilen- oder spaltenbasiert als auch objektorientiert erfolgen. Damit ist sie besonders für Zugriffe aus ABAP Objects ausgelegt. Ein großes Plus ist die hervorragende *Parallelverarbeitungsmöglichkeit*. Programme können ihre Verarbeitungsprozesse auf mehrere gleichzeitig ablaufende Datenpakete verteilen.

SAP hat die Eclipse-Plattform, die heutzutage von vielen Programmiersprachen als Entwicklungsumgebung verwendet wird, insbesondere für die neuartige Entwicklung in ABAP und SAP HANA angepasst:

Ein besonderes Element der HANA-Plattform ist *HANA XS* (HANA Extended Application Services), das die Entwicklung von Anwendungen direkt auf der HANA-Plattform ohne externe Entwicklungsumgebung anbietet. Darüber entwickelte Objekte erzeugen Objekte im Datenbankkatalog und werden im *HANA Repository* abgelegt. Die hierfür verwendete Beschreibungssprache ist *Core Data Services* (CDS), deren Dateien im HANA Repository mit der Endung .hdbdd gespeichert werden.

Details zur SAP-Hana-Datenbank

 Ausführliche Informationen zur SAP-HANA-Datenbank und ihren weiteren Komponenten, etwa für Datenmigrationen, finden Sie unter *http://help.sap.com/hana*. Ich beschränke mich in diesem Buch auf die Aspekte, die für eine gewöhnliche ABAP-Entwicklung notwendig sind.

Während Datenbanken bisher zeilenorientiert waren (*Row Store*), soll die HANA-Datenbank v. a. spaltenorientiert (*Column Store*) verwendet werden. Eine zeilenorientierte Datenbank hängt alle Datenwerte in einer Zeile aneinander, dann folgt die nächste Zeile usw. Eine spaltenorientierte Datenbank geht stattdessen Spalte für Spalte vor: Das bietet Vorteile für Anwendungen, bei denen Aggregate über eine große Anzahl ähnlicher Elemente gebildet werden.

Wenn einzelne Spalten vieler Datensätze einer zeilenorientierten Ablage gelesen werden, ist der Zeitaufwand wesentlich höher, als wenn in einer spaltenorientierten Variante alle Datensätze als Spalten zur Verfügung stehen, da dort alle gewünschten Daten unmittelbar ausgelesen werden können.

Unterschied zeilenorientiertes und spaltenorientiertes Lesen

 Bei einer zeilenorientierten Ablage liegen die zu lesenden Felder weit auseinander, sodass es für die Datenbank länger dauert, auf sie zuzugreifen: Erst Zeile 1 Spalte 1, dann Zeile 1 Spalte 5, dann Zeile 1 Spalte 8, dann Zeile 2 Spalte 1, dann Zeile 2 Spalte 5, dann Zeile 2 Spalte 8, dann Zeile 3 Spalte 1, dann Zeile 3 Spalte 5, dann Zeile 3 Spalte 8.

Bei einer spaltenorientierten Ablage wird erst die Spalte 1 in einem Rutsch gelesen, dann in gleicher Weise die Spalte 5 und anschließend Spalte 8.

Für die Verarbeitung von Geschäftsdaten oder großer Datenmengen empfiehlt sich daher i. d. R. die spaltenorientierte Verarbeitung. Column Store sollte hierfür also die Regel sein. Nur bei kleinen Tabellen mit wenigen Datensätzen, oder wenn überwiegend auf einen einzelnen Datensatz zugegriffen wird (SELECT SINGLE), sollten Sie die zeilenorientierte Variante verwenden.

Da sich die Daten bei der HANA-Datenbank im Hauptspeicher befinden, entfällt die bisher übliche lange Zugriffszeit auf den Datenbankinhalt. Bei der HANA-Datenbank entscheidet über die Dauer der Zugriffszeit, welche der drei unterschiedlichen CPU-Caches des Rechners mit den Daten befüllt werden.

Die Daten der HANA-Datenbank können zudem sowohl im Hauptspeicher als auch auf der HANA-Datenbank im Column Store komprimiert werden, was sich sehr laufzeitoptimierend auswirkt. Dabei wird jeder Wert eines Datensatzes als einmaliger Integer-Wert in einem sogenannten *Dictionary-Vektor* abgelegt.

Datenkomprimierung

 Für Datensätze der Fluggesellschaften LH, AA und AF gibt es einen Dictionary-Vektor mit den Datensätzen LH = 1, AA = 2 und AF = 3. Die Nummerierung folgt der Position der Datensätze. In den eigentlichen Datensätzen der Datenbank werden aber nur die Werte 1, 2 und 3 gespeichert.

Stehen LH im 5., AA im 8. und AF im 9. Datensatz der Tabelle, so wird auf der Datenbank die Kombination 5/1, 8/2 und 9/3 abgespeichert, was als *Attributvektor* bezeichnet wird. Dabei belegen die Werte 5, 8 und 9 keinen Speicherplatz, sondern ergeben sich daraus, dass die 1 im 5., die 2 im 8. und die 3 im 9. Datensatz stehen.

Entscheidender Vorteil dieser Technik ist: Die Verarbeitung von Ganzzahlen erfolgt wesentlich schneller als die von Zeichenketten.

Die auf diese Weise komprimierten Daten lassen sich erneut verdichten. Die einzelnen Zeichen der Zeichenketten des Dictionary-Vektors werden mithilfe einer *Delta-Komprimierung* verkleinert. Dazu werden Blöcke von z. B. zwanzig Zeichen gebildet, wobei jedes einzelne Zeichen nur einmal in einem Delta-String und dieser wiederum im Block über eine Referenz gespeichert werden. Auch für den Attributvektor werden noch verschiedene Komprimierungsverfahren angewendet.

Die HANA-Datenbank eignet sich zudem sehr gut für eine *Partitionierung* (Einteilung der Datenbank in mehrere abgeschlossene Bereiche). Die Suche innerhalb einer Partition verläuft wesentlich schneller, als wenn die ganze Datenbank durchsucht werden muss. Auch lassen sich mehrere Partitionen parallel verarbeiten. Ein weiterer Faktor zur Beschleunigung der Datenbankzugriffe ist die zeilenweise Partitionierung von Tabellen. In der HANA-Datenbank gibt es eine Begrenzung auf zwei Milliarden Zeilen pro Datenbank oder pro Partition.

Die HANA-Datenbankarchitektur umfasst mehrere Serverbestandteile. Der für Entwicklungen wichtige Bestandteil ist der *Indexserver*. Er verfügt über einen *SQL-Prozessor*, der die SQL-Befehle ausführt oder an Unterkomponenten weiterleitet. *Stored Procedures* sind Datenbankprozeduren, die als komplexe SQL-Anweisungen direkt in der *Engine* des Indexservers gespeichert werden und so ohne Umwege über Programmableitungen der Datenbank zur Verfügung stehen. Auch umfangreiche Analyseszenarien werden in der Engine gespeichert. Diese Verlagerung von Coding aus den Anwendungsprogrammen in die Datenbankschicht bezeichnen wir als *Code Pushdown*.

Herkömmliche ABAP-Anwendungen arbeiten nach dem sogenannten *Data-to-Code-Paradigma*. Die Daten müssen aufwendig von der Datenbank in das Programm übertragen werden. SAP-HANA-optimierte Programme benutzen das *Code-to-Data-Paradigma*. Das bedeutet, dass Teile des Codings (Kalkulationslogik) jetzt in der Datenbankschicht liegen, während der übrige Teil (Orchestrierungslogik) in der Applikationsschicht verbleibt:

▶ Die *Kalkulationslogik* umfasst Verarbeitungen, die Berechnungen mit den Anwendungsdaten durchführen. Je komplexer Kalkulationen und Berechnungen sind, desto besser sind sie in der Datenbankschicht aufgehoben.

▶ Die *Orchestrierungslogik* steuert Geschäftsprozesse, kontrolliert den Datenfluss und legt fest, wie Kalkulationsergebnisse kombiniert und weiterverarbeitet werden.

Acceleratoren sorgen in Side-by-Side-Szenarien dafür, dass die Programme der SAP Business Suite beschleunigt werden. Auch bestehende kundeneigene ABAP-Programme können ohne Veränderungen des Codings mithilfe des *SAP Business Application Accelerators* zur HANA-Bearbeitung beschleunigt werden.

Während die bisherige SAP Business Suite sowohl mit einer HANA- als auch mit einer traditionellen Datenbank betrieben werden kann, ist die SAP Business Suite ab S/4HANA nur noch mit der HANA-Datenbank einsetzbar.

1.2 Neue Programmiersprachen

Während Sie als ABAP-Entwickler bisher Open SQL als Datenbankabfrage genutzt und so datenbankunabhängig programmiert haben, sollten Sie in Zukunft vermehrt von Native SQL und SQLScript Gebrauch machen, um die HANA-Möglichkeiten voll auszunutzen. Dieses bedeutet aber auch, dass Sie nicht mehr datenbankunabhängig programmieren können. Sie benötigen Informationen über Ihre HANA-Datenbank, die Sie in datenbankabhängigen Anwendungscode einfließen lassen.

Bei der Optimierung von HANA-Programmen durch Native SQL und SQLScript sollten Sie sich immer fragen, ob die Programme auch auf anderen Datenbanksystemen eingesetzt werden sollen, was häufig der Fall ist. Dann müssen Sie Vor- und Nachteile einer Optimierung abwägen. Der Vorteil besteht in einem erheblichen Performancegewinn, der Nachteil in der datenbankabhängigen Programmierung.

Diese *datenbankabhängige Programmierung* können Sie durch eine Fallunterscheidung im Programm erreichen (IF ... ENDIF).

```
IF cl_db_sys=>dbsys_type = 'HDB'.
* Aufruf der HANA-Objekte
ELSE.
* Verarbeitung der traditionellen DDIC-Objekte
ENDIF.
```

Bei der Programmierung sollten Sie immer die Laufzeitanalyse eines Programmes im Blick behalten. Das ist für eine HANA-Datenbank noch wichtiger als für eine traditionelle.

1.3 Eclipse als Entwicklungsplattform

Bisher haben Sie als Entwickler mit Ihrer ABAP-Workbench (**SE80**) gearbeitet. Jetzt hat sich SAP mit der Einführung von HANA auch der Entwicklungsplattform Eclipse angeschlossen, mithilfe derer sich schon viele andere Entwicklungssprachen wie Java oder C++ programmieren lassen.

Eclipse wurde ursprünglich von IBM entwickelt, mittlerweile wird sie von der Eclipse Foundation als kostenlose Open-Source-Software verwaltet und weiterentwickelt. Für die ABAP-Programmiersprache entstanden die *ABAP Development Tools for SAP NetWeaver* sowie für die HANA-Entwicklung und HANA-Administration das *SAP HANA Studio* jeweils als Add-ons zur Eclipse-Plattform. Eclipse gilt für SAP als strategische Basis für neue Entwicklungskonzepte.

Das aktuelle Release für die Eclipse-Plattform heißt *Neon* (Stand Februar 2017). SAP bietet ebenfalls immer wieder neue Releases für seine Eclipse-basierten Entwicklungswerkzeuge als *SAP Release Train for Eclipse.*

Für dessen Bezug stellt SAP eine Internetseite (*https://tools.hana. ondemand.com*) zur Verfügung, über die SAP-Entwicklungswerkzeuge auf der Eclipse-Plattform aktualisiert werden können.

Technische Grundlage

 Voraussetzung für ABAP-Programmierung mithilfe der Eclipse-Plattform ist der SAP NetWeaver Application Server (AS) ABAP 7.4. In diesem Buch arbeite ich mit dem Support Package 10 des SAP AS ABAP 7.4 sowie den ABAP Development Tools (ADT) for SAP NetWeaver 2.44 und SAP HANA 1.0 (Support Package Stack 9).

1.3.1 Warum Eclipse?

Der große Vorteil von Eclipse liegt darin, dass diese Entwicklungsumgebung mithilfe von sogenannten Plug-ins beliebig um zusätzliche Funktionalitäten erweitert werden kann.

Die SAP hat eigene Plug-ins entwickelt, um Eclipse an Ihre Bedürfnisse anzupassen. Jetzt fragen Sie sich vermutlich: Ich kann doch gut mit der **SE80** arbeiten – warum soll ich auf Eclipse umstellen?

Sie können in Eclipse mithilfe des Kontextmenüs in das bekannte SAP GUI umschalten, sodass Sie auch weiterhin Ihre gewohnten Bearbeitungstätigkeiten ausüben können. Aber Eclipse bietet noch so viel mehr, etwa die Möglichkeit, andere SAP-Produkte wie Business-Warehouse-, SAPUI5- oder SAP-HANA-Entwicklungen parallel zu bearbeiten. Alles ist in eine einzige *IDE* (Entwicklungsplattform) integriert.

Mithilfe von SAP HANA Studio für Eclipse ist zudem eine Programmierung direkt auf der Datenbankebene des HANA-Systems möglich (siehe Abbildung 1.1), was mit der **SE80** nicht machbar ist. Diese HANA-Bestandteile werden in SQLScript geschrieben, was ebenso wenig mit dem Object Navigator umsetzbar ist.

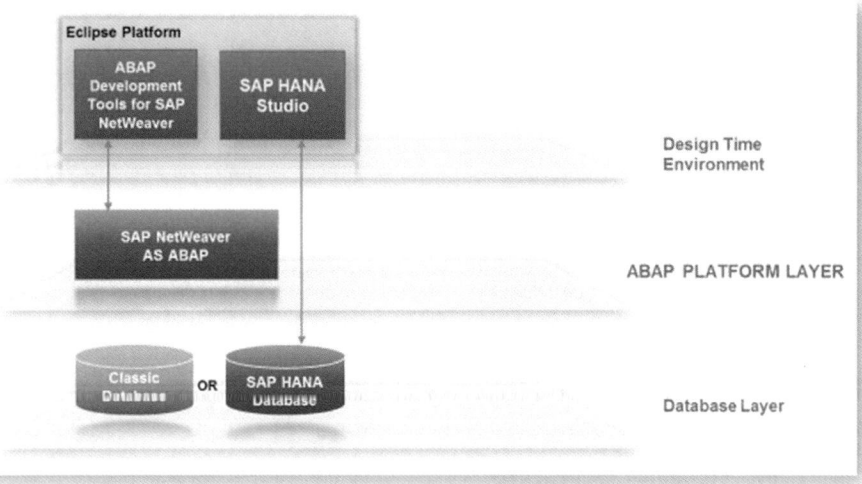

Abbildung 1.1: Entwicklungsebenen mit SAP HANA

1.3.2 Installation von Eclipse

Voraussetzungen für die Eclipse-Installation sind:

1. Betriebssystem:

   ▶ Windows 7 oder 8 oder 10 oder

   ▶ Apple Mac OS X 10.8, Universal 64-Bit oder

   ▶ Linux;

2. Java Runtime Environment 1.7.0;

3. SAP GUI:

   ▶ für Windows: SAP GUI für Windows 7.30/7.40;

   ▶ für Apple Mac oder Linux: SAP GUI für Java 7.30/7.40;

4. Microsoft Runtime DLLs VS2010 bei Windows-Betriebssystem.

Im Folgenden beschreibe ich die Installation der Eclipse-Software.

Eclipse-Version

 Jedes Jahr im Sommer erscheint eine neue Eclipse-Version auf dem Markt. Die Installationsprozedur unterscheidet sich allerdings nur in der Optik. Da ein zentrales Rollout neuer Versionen für viele Unternehmen eine kleine Herausforderung darstellt, betrifft diese Installationsbeschreibung die vermutlich noch sehr häufig verwendete Eclipse-Version »Mars« (2016). Eine Erläuterung für den Nachfolger »Neon« finden Sie u. a. hier: *https://www.heise.de/ct/projekte/machmit/ctbot/wiki/EclipseInstallation*.

1. Gehen Sie im Internet auf die Seite *www.eclipse.org/downloads*.

2. Wählen Sie unter TRY THE ECLIPSE INSTALLER Ihr Betriebssystem (siehe Abbildung 1.2). Wenn Sie dieses Bild nicht sehen, können Sie auch Eclipse Package ECLIPSE IDE FOR JAVA DEVELOPERS wählen.

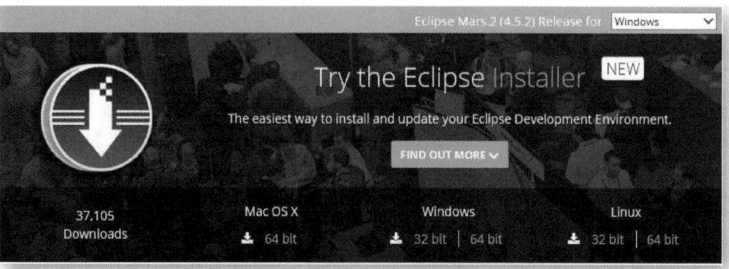

Abbildung 1.2: Eclipse Installer – Auswahl des Betriebssystems

3. Wählen Sie einen Host wie in Abbildung 1.3 sichtbar, indem Sie auf einen der DOWNLOAD-Button drücken.

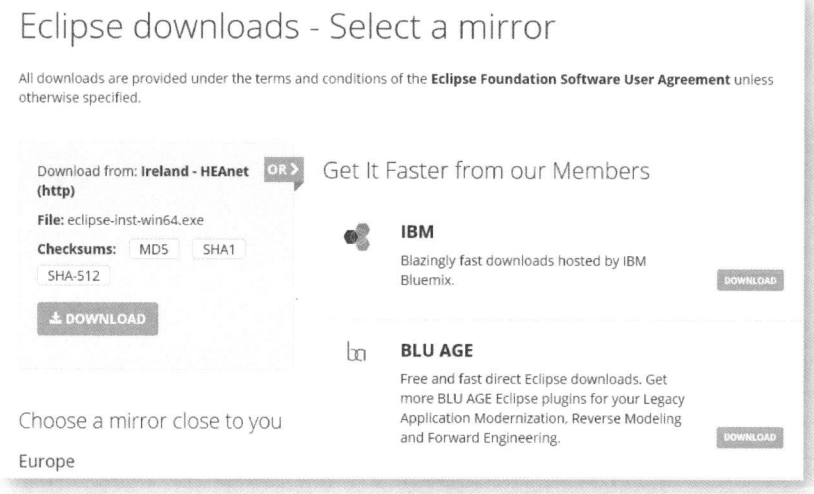

Abbildung 1.3: Eclipse Installer – Auswahl eines Hosts

4. Die nächsten Schritte zeige ich anhand der Auswahl von »IBM für Windows 64 bit«. Drücken Sie den Link WINDOWS 64 BIT unterhalb von DOWNLOAD ECLIPSE INSTALLER (siehe Abbildung 1.4).

5. Drücken Sie den Button AUSFÜHREN für den Download, wie in Abbildung 1.5 zu sehen.

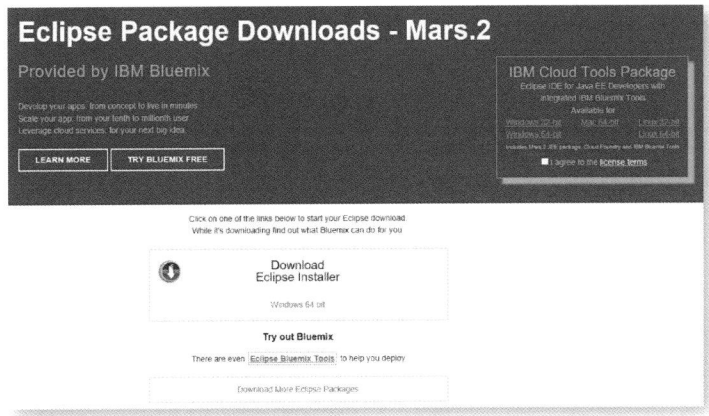

Abbildung 1.4: Eclipse Installer – Download von IBM

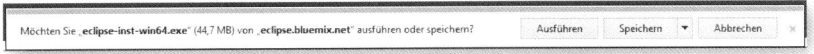

Abbildung 1.5: Eclipse Installer – Ausführen des Downloads

Konfigurieren des Netzwerk-Proxys

 Es kann sein, dass beim Beginn der Installation der Prozess stoppt und Sie aufgefordert werden, einen Netzwerk-Proxy zu konfigurieren. Drücken Sie dazu auf den Button CONFIGURE NETWORK PROXY, und gehen Sie wie folgt vor:

▶ Gehen Sie im Auswahlfeld ACTIVE PROVIDER auf **Manual**.

▶ Markieren Sie in der Liste die Zeile **HTTP**, und drücken Sie den Button EDIT.

▶ Geben Sie im daraufhin erscheinenden Pop-up Ihren HOST und Ihre PORTNUMMER ein.

▶ Setzen Sie im Pop-up bei REQUIRES AUTHENTIFICATIONS das Häkchen, und geben Sie USER und PASSWORT ein.

▶ Bestätigen Sie mit OK.

▶ Wiederholen Sie alle Schritte für die Zeile **HTTPS**.

▶ Bestätigen Sie Ihre gemachten Änderungen mit OK.

6. Wählen Sie das Paket **Eclipse IDE for Java Developers** (siehe Abbildung 1.6).

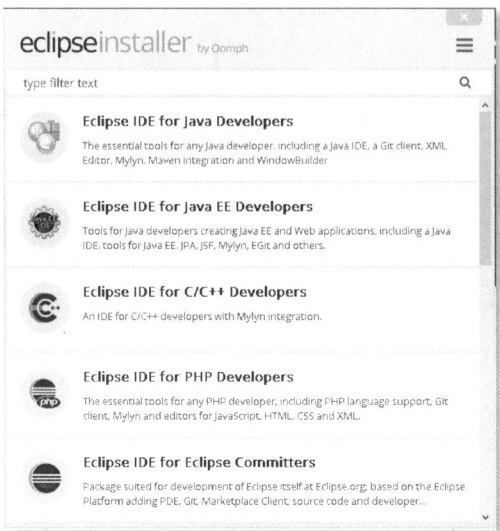

Abbildung 1.6: Eclipse Installer – Auswahl des Paketes

7. Drücken Sie den Button INSTALL (siehe Abbildung 1.7).

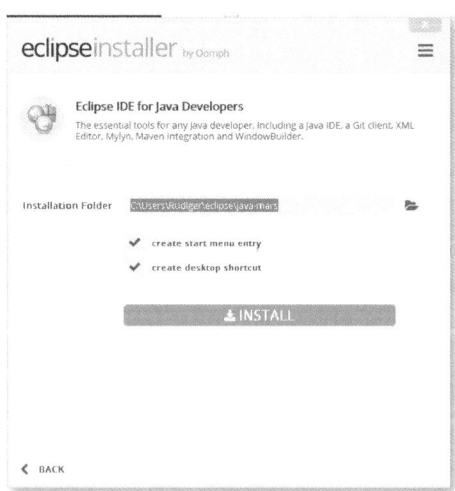

Abbildung 1.7: Eclipse Installer – Installieren des Paketes

8. Akzeptieren Sie die Lizenzvereinbarung durch Drücken auf den Button ACCEPT NOW (Abbildung 1.8).

Abbildung 1.8: Eclipse Installer – Lizenzvereinbarung

9. Drücken Sie den Button LAUNCH (siehe Abbildung 1.9) zum Starten der Eclipse-Anwendung.

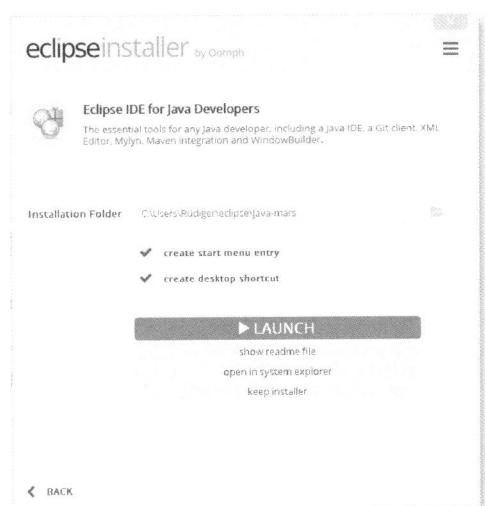

Abbildung 1.9: Eclipse Installer – Launch/Programmstart

10. Im sich öffnenden Bild (Abbildung 1.10) setzen Sie ein Häkchen bei USE THIS AS THE DEFAULT AND DO NOT ASK AGAIN und drücken OK.

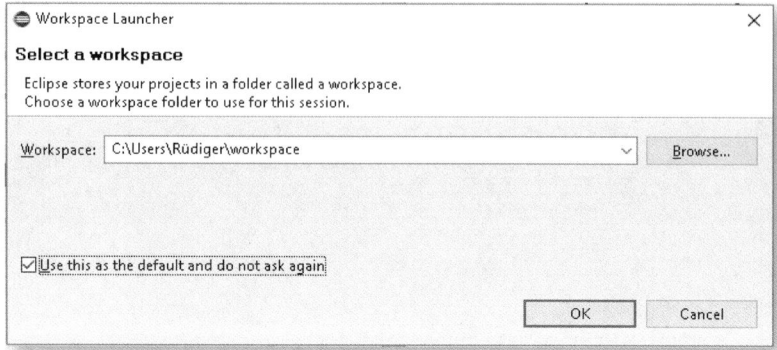

Abbildung 1.10: Eclipse Installer – Workspace

11. Daraufhin sehen Sie den Einstiegsbildschirm der Eclipse-Plattform (siehe Abbildung 1.11).

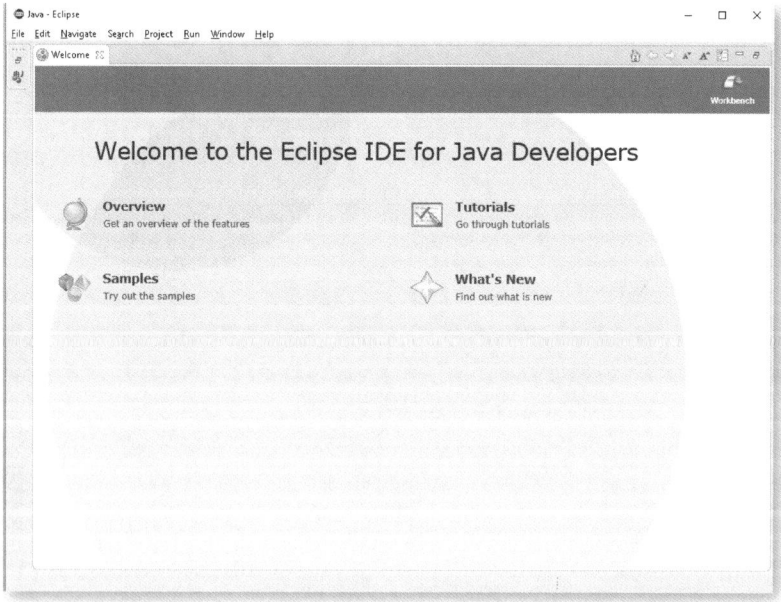

Abbildung 1.11: Eclipse Installer – Willkommen-Bildschirm

1.3.3 Installation der ABAP Development Tools und des SAP HANA Studios für Eclipse

In diesem Abschnitt demonstriere ich Ihnen die Installation der ABAP Development Tools (ADT) und des SAP HANA Studios.

1. Starten Sie Ihr Eclipse-Programm.

2. Wählen Sie im Menü HELP • INSTALL NEW SOFTWARE, wie in Abbildung 1.12 zu sehen.

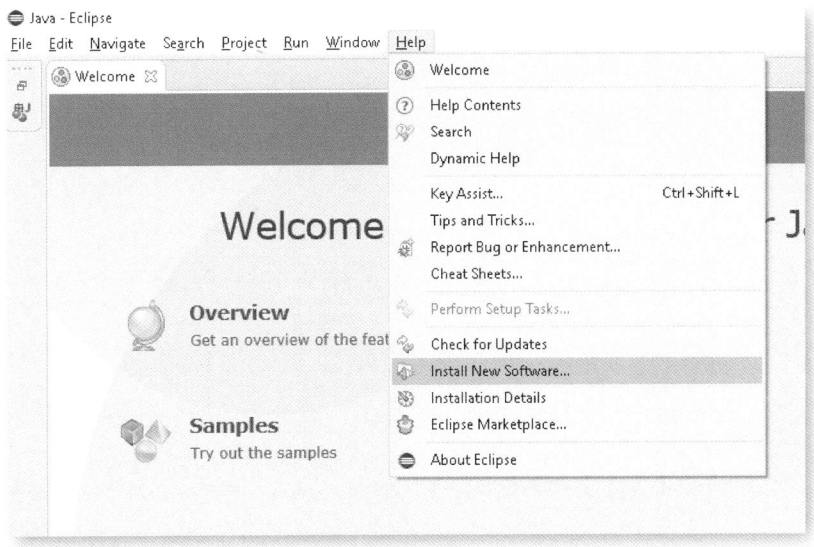

Abbildung 1.12: Eclipse-Menü – Neue Software installieren

3. Drücken Sie im nächsten Bild den Button ADD (Abbildung 1.13).

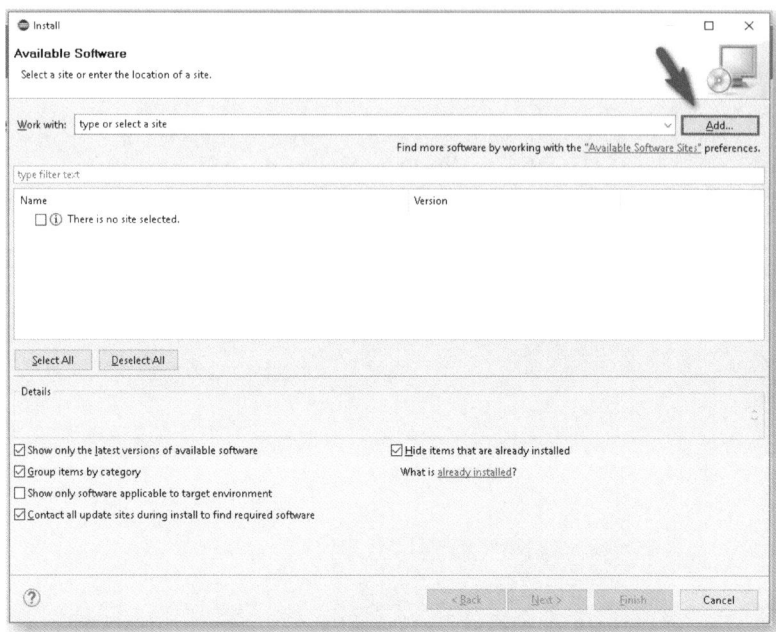

Abbildung 1.13: Eclipse – verfügbare Softwarewebseiten

4. Im aufkommenden Pop-up geben Sie als NAMEN **Eclipse Mars** ein und als LOCATION **http://tools.hana.ondemand.com/mars**. Drücken Sie danach den Button OK (siehe Abbildung 1.14).

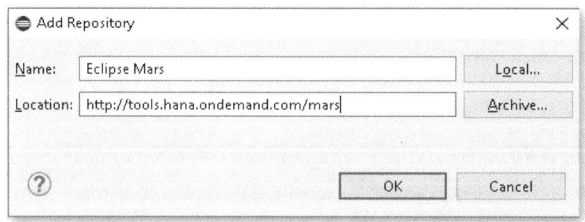

Abbildung 1.14: Eclipse – Auswahl einer neuen Webseite

5. Wählen Sie die zu installierenden Softwaretools ABAP DEVELOP-MENT TOOLS FOR SAP NETWEAVER und SAP HANA TOOLS (gemäß Abbildung 1.15). Drücken Sie dann den Button NEXT.

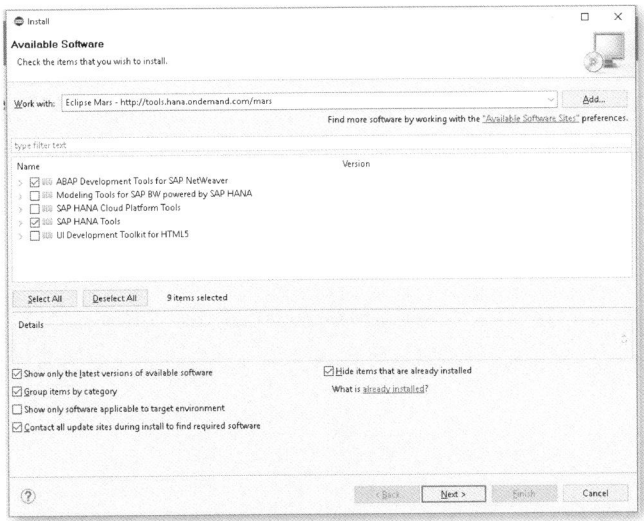

Abbildung 1.15: Eclipse – Auswahl der neuen Softwaretools

6. Das nächste Bild zeigt Ihnen die Installationsdetails (Abbildung 1.16). Drücken Sie wieder den Button NEXT.

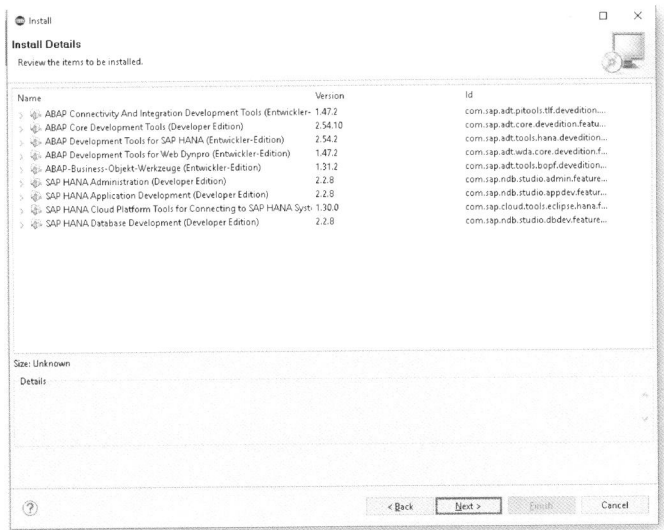

Abbildung 1.16: Eclipse – Installationsdetails

27

7. Wieder gilt es, die Lizenzvereinbarung anzuerkennen, indem Sie I ACCEPT THE TERMS OF THE LICENSE AGREEMENTS wählen und den Button FINISH drücken (Abbildung 1.17).

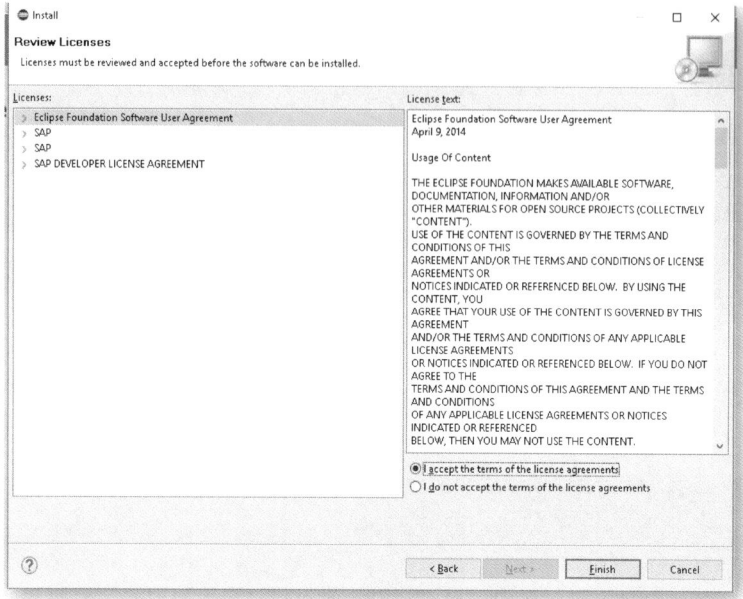

Abbildung 1.17: Eclipse – Softwaretools, Lizenz

8. Es könnte sein, dass Sie eine Warnung gemäß Abbildung 1.18 erhalten. Bestätigen Sie diese mit dem Button OK.

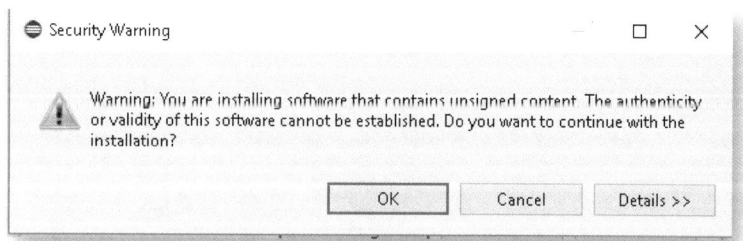

Abbildung 1.18: Eclipse – Softwaretools, Warnung

9. Sie werden zum Schluss um einen Neustart der Eclipse-Software gebeten (Abbildung 1.19). Bestätigen Sie mit dem Button YES.

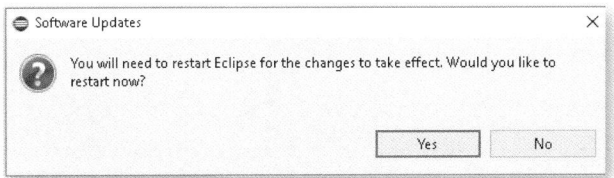

Abbildung 1.19: Eclipse-Neustart

10. Nachdem die Eclipse-Software neu gestartet ist, sehen Sie das Übersichtsbild Ihrer ABAP-Entwicklungs-Tools (Abbildung 1.20). Schauen Sie sich auf Ihrer neuen ABAP-Plattform ein wenig um.

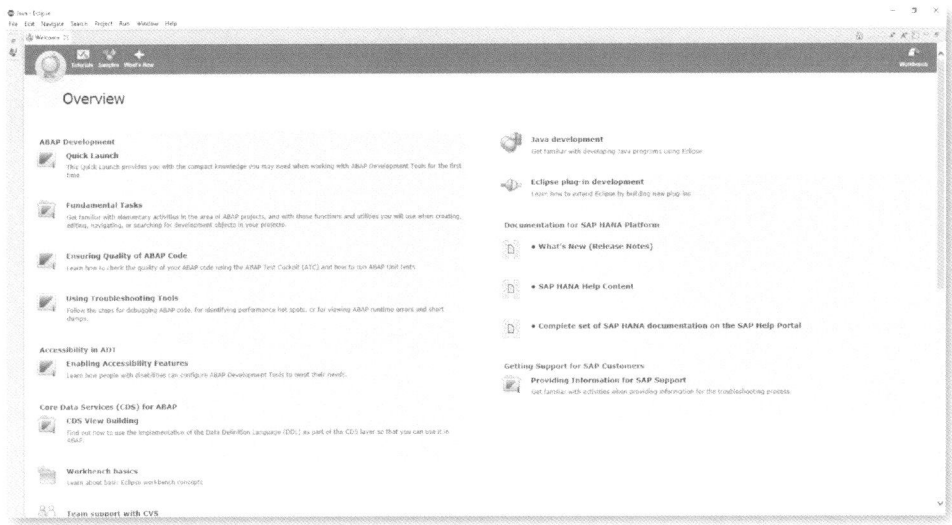

Abbildung 1.20: Eclipse – ABAP-Entwicklung im Überblick

1.3.4 Beginn der Arbeit mit Eclipse

1. Starten Sie das Programm Eclipse. Das geht am einfachsten, wenn Sie auf das Eclipse-Icon auf Ihrem Desktop klicken.

2. Sobald sich das Welcome-Fenster öffnet, schließen Sie es, indem Sie im Reiter WELCOME auf X drücken.

3. Eine komplette Arbeitsumgebung wird in Eclipse als *Perspektive* bezeichnet. Jede Programmiersprache hat ihre eigene Perspektive: Eine ABAP-Umgebung hat eine ABAP-, eine JAVA-Umgebung eine JAVA-Perspektive. Öffnen Sie eine ABAP-Perspektive, indem Sie im Menüpfad WINDOW • PERSPECTIVE • OPEN PERSPECTIVE • OTHER auswählen.

4. Es öffnet sich ein Dialogfenster, wie Sie es in Abbildung 1.21 sehen. Markieren Sie ABAP, und drücken Sie OK.

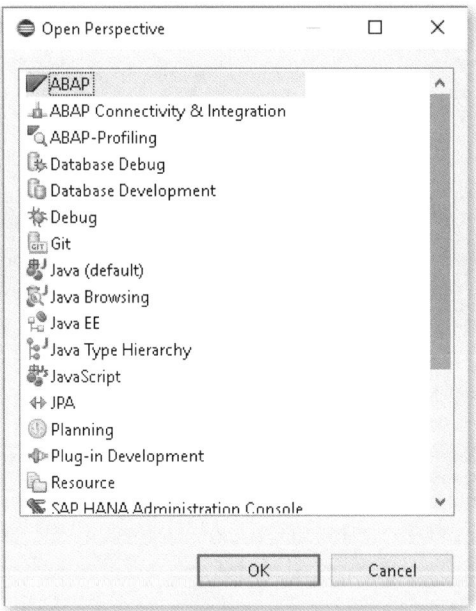

Abbildung 1.21: Eclipse – Auswahl Perspektive

Andere wichtige Perspektiven sind:

▶ ABAP CONNECTIVITY & INTEGRATION
Hier können Sie systemübergreifend Programme entwickeln.

▶ ABAP-PROFILING
Hiermit führen Sie Performanceanalysen durch.

▶ DEBUG
Hiermit können Sie Programmierfehler analysieren.

Oben rechts in der Buttonleiste können Sie zwischen Ihren geöffneten Perspektiven wechseln (siehe Abbildung 1.22).

Abbildung 1.22: Direktauswahl Eclipse-Perspektiven

Als ABAP-Entwickler benötigen Sie zur Arbeit mit Eclipse im SAP-System die Berechtigungsrollen

▶ SAP_BC_DWB_ABAPDEVELOPER
zum Anlegen, Ändern, Löschen und Aktivieren von Entwicklungsobjekten,

▶ SAP_BC_DWB_WBDISPLAY
zum Anzeigen von Entwicklungsobjekten.

Beide beinhalten das Berechtigungsobjekt S_ADT_RES, welches für die Arbeit mit Eclipse zwingend erforderlich ist. Wenn Sie andere Berechtigungsobjekte verwenden möchten, müssen diese auf jeden Fall das Berechtigungsobjekt S_ADT_RES besitzen.

Sie können in Eclipse in mehreren geöffneten Fenstern gleichzeitig arbeiten. Ein neues *Fenster* öffnen Sie, indem Sie im Menüpfad WINDOW • NEW WINDOW anklicken.

Des Weiteren benötigen Sie eine Verbindung zwischen Eclipse und Ihrem SAP-System. Diese Verbindung wird als *Projekt* bezeichnet.

1. Legen Sie ein neues Projekt an, um Verbindung zu Ihrem SAP-System zu erhalten, indem Sie den Menüpfad FILE • NEW • ABAP-PROJEKT wählen.

2. Sie kommen auf ein Bild, wie Sie es in Abbildung 1.23 sehen.

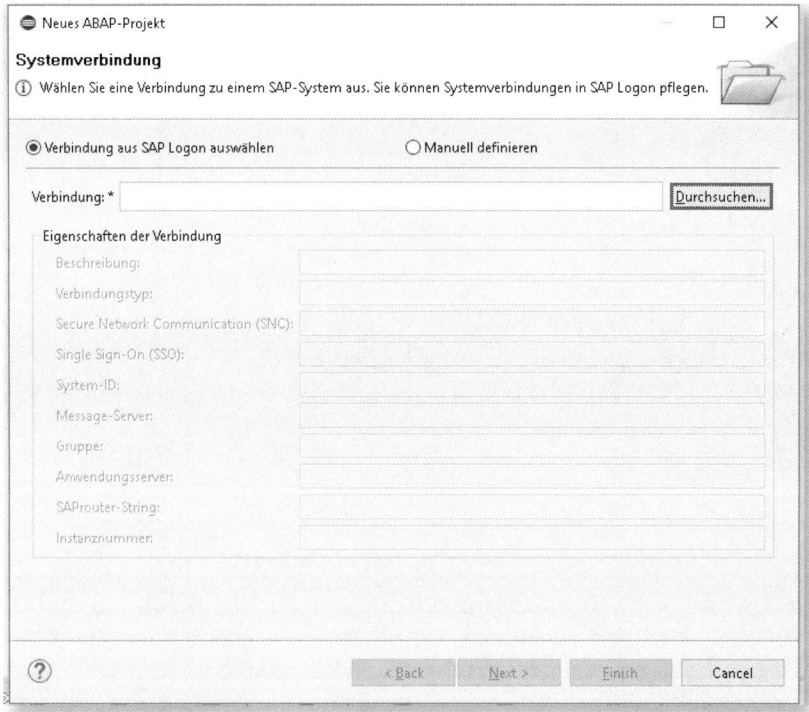

Abbildung 1.23: Eclipse – neues ABAP-Projekt: Systemverbindung

3. Das Einfachste ist, wenn Sie VERBINDUNG AUS SAP LOGON AUSWÄHLEN verwenden. Drücken Sie auf DURCHSUCHEN, um das SAP-System auszuwählen.

Sobald Sie das SAP-System gewählt haben, werden Ihnen verschiedene EIGENSCHAFTEN DER VERBINDUNG angezeigt (siehe Abbildung 1.24).

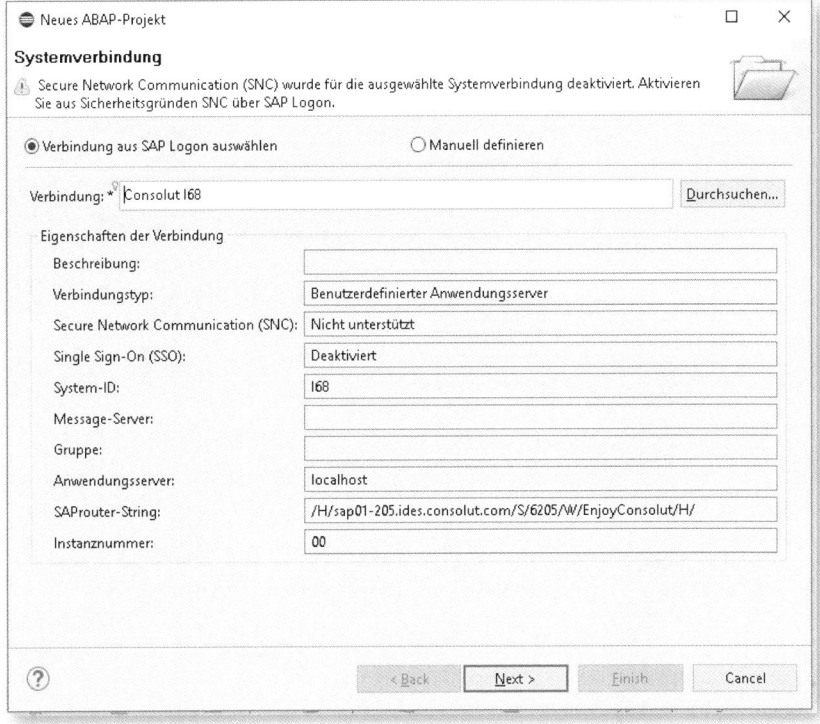

Abbildung 1.24: Eclipse – ausgewähltes SAP-System

4. Wenn Sie jetzt auf NEXT klicken, werden Sie nach Ihren Anmeldedaten zum SAP-System gefragt (Abbildung 1.25). Geben Sie diese ein, und drücken Sie FINISH.

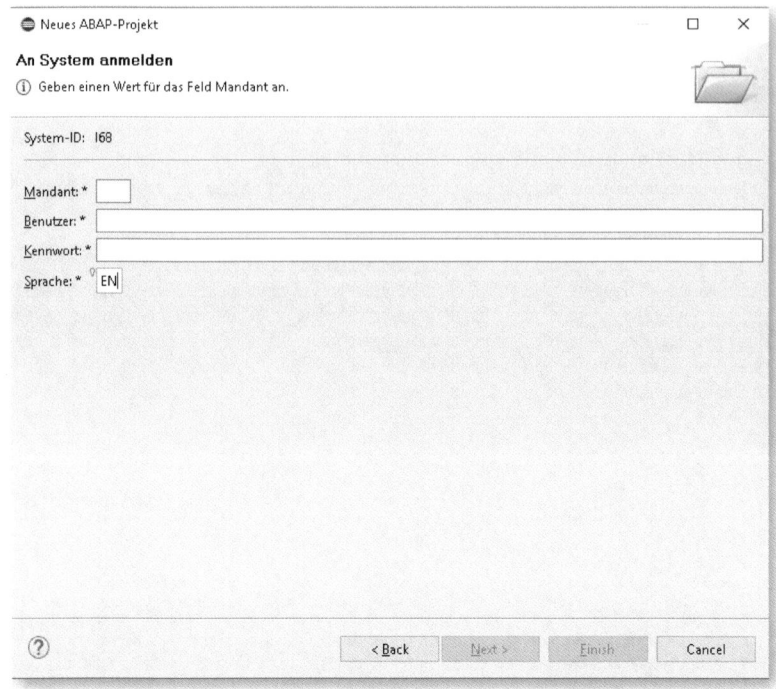

Abbildung 1.25: Eclipse – Anmeldedaten zum SAP-System

5. Sie gelangen daraufhin zurück zum Eclipse-Übersichtsbild, das in etwa wie Abbildung 1.26 aussieht.

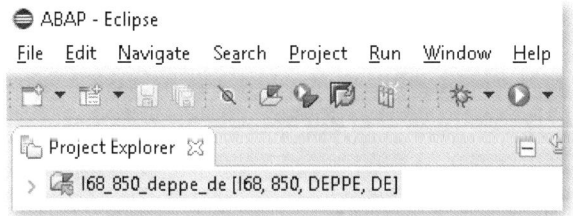

Abbildung 1.26: Eclipse – Übersicht nach Anmeldung am System

6. Expandieren Sie den Knoten des SAP-Systems.

7. Daraufhin werden unter dem Punkt SYSTEMBIBLIOTHEK alle Entwicklungspakete angezeigt, die in Ihrem System vorhanden sind.

Außerdem wird ein Punkt FAVORITENPAKETE angezeigt, unter dem Sie Ihre Favoritenpakete ablegen können. Expandieren Sie ein Paket, bis Sie ein Objekt des Paketes, z. B. eine Klasse, finden. Doppelklicken Sie auf dieses Objekt. Jetzt sollte Ihre Eclipse-Perspektive in etwa wie in Abbildung 1.27 aussehen.

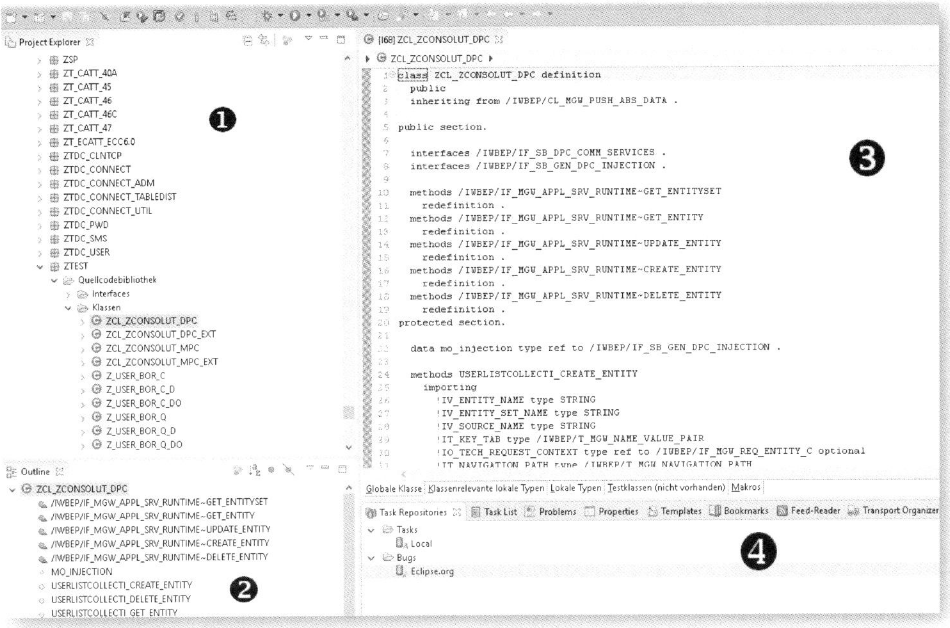

Abbildung 1.27: ABAP-Eclipse-Perspektive

Auf der linken Seite der Perspektive befinden sich die *Ansichten*. In Ansicht ❶ sehen Sie das Paket (z. B. ZTEST) mit dem Objekt (z. B. ZCL_ZCONSOLUT_DPC), in Ansicht ❷ werden die Eigenschaften des Objektes aufgelistet. Unter ❸ sehen Sie den *Editor*, der Ihnen das Coding des unter ❶ markierten Objektes zeigt. Im Bereich ❹ finden Sie diverse Informationen zu Ihrem gewählten Objekt, wie z. B. aktuelle Prüfungsmeldungen zu Ihrem Programm. Ganz rechts in dieser Perspektive (in der Abbildung nicht zu sehen) sehen Sie eventuell ein WELCOME. Dort können Sie während der Bearbeitung zusätzliche Informationen, z. B. solche aus der $\boxed{\text{F1}}$-Hilfe, einsehen.

Anzahl der Aufrufmöglichkeiten

 Eine Ansicht kann innerhalb einer Perspektive nur einmal angezeigt werden, während Sie Editoren mehrfach öffnen können (z. B., um verschiedene Programme gleichzeitig zu bearbeiten).

Netzwerkprobleme?

 Wenn Sie nach Eingabe Ihrer SAP-Systemdaten keine Verbindung zu Ihrem SAP-System erhalten, liegt dies vermutlich daran, dass Sie eine Verbindung über einen speziellen Host und eine Portnummer aufbauen müssen. Gehen Sie dann wie folgt vor:

1. Wählen Sie im Menüpfad (vgl. Abbildung 1.26) WINDOW • PRE-FERENCES.

2. Suchen Sie im oberen Suchfeld nach **Network Connections**.

3. Gehen Sie im Auswahlfeld ACTIVE PROVIDER auf **Manual**.

4. Markieren Sie in der Liste **HTTP**, und drücken Sie den Button EDIT.

5. Geben Sie im daraufhin erscheinenden Pop-up Ihren HOST und Ihre PORTNUMMER ein.

6. Setzen Sie im Pop-up bei REQUIRES AUTHENTIFICATIONS das Häkchen, und geben Sie USER und PASSWORT ein.

7. Bestätigen Sie mit OK.

8. Markieren Sie in der Liste **HTTPS** und drücken Sie den Button EDIT.

9. Geben Sie HOST und PORT ein.

10. Setzen Sie das Häkchen bei REQUIRES AUTHENTIFICATIONS, und geben Sie USER und PASSWORT ein.

11. Bestätigen Sie mit OK.

12. Bestätigen Sie Ihre gemachten Änderungen mit OK.

Bei Situationen, die nicht im Editor angezeigt werden können, startet Eclipse automatisch das SAP GUI, so z. B. bei der Anzeige von Dictionary-Objekten (SE11).

Wollen Sie ein Programm ausführen, so wählen Sie den Menüpfad RUN • RUN oder den Button 　.

Andere Objekte, deren Coding gerade nicht im Editor angezeigt wird, können Sie starten, indem Sie den Menüpfad RUN • ABAP-ENTWICKLUNGSOBJEKT AUSFÜHREN wählen oder den Button 　 drücken.

Sobald Sie ein Entwicklungsobjekt aufrufen, ist es für andere Benutzer gesperrt. Sie müssen hier also nicht, wie sonst im SAP GUI, zwischen Anzeigen und Ändern hin- und herschalten, um es zu sperren oder die Sperre aufzuheben.

Benutzereigene Einstellungen für Eclipse und Ihre ABAP-Bearbeitung können Sie über den Menüpfad WINDOW • PREFERENCES auswählen. So finden Sie z. B. die ABAP-Einstellungen unter ABAP-ENTWICKLUNG (siehe Abbildung 1.28).

Folgende Einstellungen sollten Sie kennen:

▶ ADT-LINK-VERARBEITUNG: Hier können Sie steuern, dass Entwicklungsobjekte über eine ABAP-Ressourcen-URL aus E-Mails heraus geöffnet werden können.

▶ Über den Unterpunkt AKTIVIERUNG können Sie die Aktivierung steuern.

▶ Unter DEBUGGING nehmen Sie Einfluss auf den Debugger.

Weitere Informationen zur Eclipse-Plattform finden Sie unter *http://www.eclipse.org/documentation* oder über den Menüpfad HELP • HELP CONTENTS.

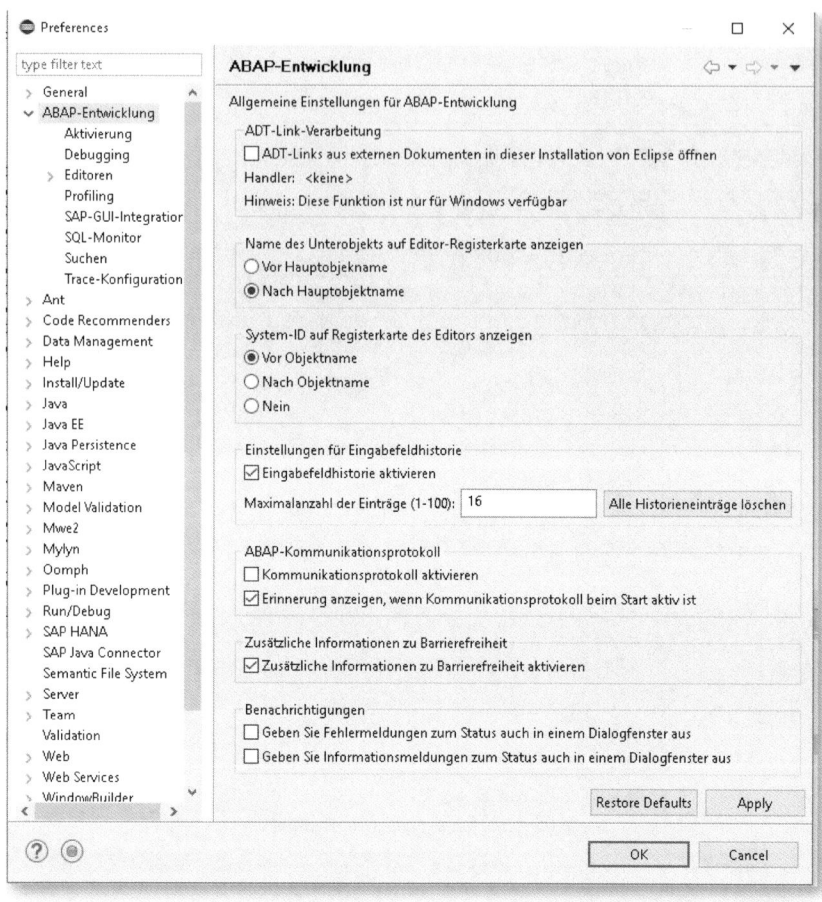

Abbildung 1.28: Eclipse – Globale Einstellungen

1.3.5 Ihr erstes Eclipse-Programm

Im Folgenden führe ich Sie Schritt für Schritt durch Ihr erstes selbst geschriebenes Eclipse-Programm, in welchem Sie Flugdaten selektieren und ausgeben:

1. Starten Sie die Eclipse-Plattform, wenn Sie sie nicht bereits geöffnet haben.

2. Über den Menüpfad FILE • NEW legen Sie ein neues Entwicklungsobjekt an. Da wir ein Programm anlegen möchten, wählen Sie FILE • NEW • ABAP-PROGRAMM. Sie können auch das Icon mit der Dropdownliste 🗋 ▾ ganz links in der Buttonleiste (vgl. Abbildung 1.26) drücken.

3. Wenn nicht bereits geschehen, müssen Sie sich jetzt an Ihrem ABAP-Projekt (SAP-System) anmelden.

4. Als Nächstes werden Sie in einem Dialogfenster (siehe Abbildung 1.29) aufgefordert, ein Paket, einen Namen und eine Beschreibung für Ihr neues Programm einzugeben. Geben Sie als PAKET **$TMP** (lokales Objekt), als NAMEn **MY_FIRST_ECLIPSE_PROGRAM** und als BESCHREIBUNG **Mein erstes Eclipse-Programm** ein. Drücken Sie anschließend den Button FINISH.

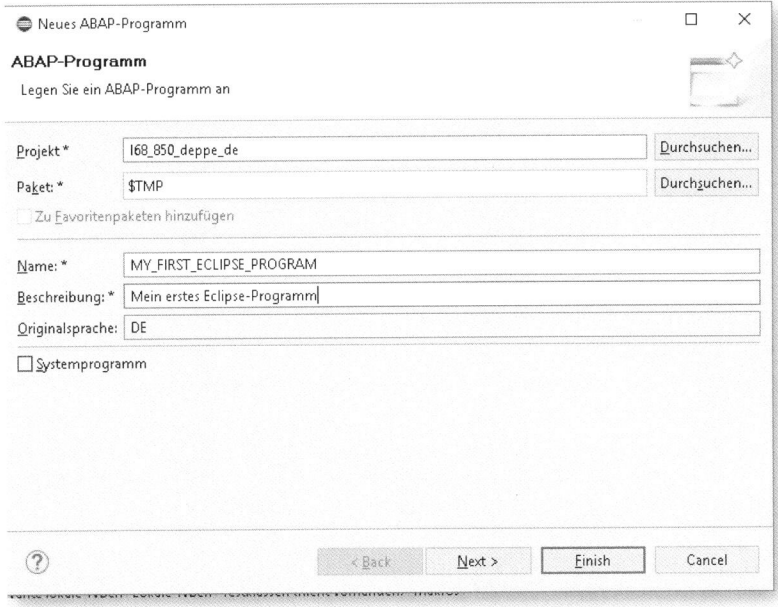

Abbildung 1.29: Eclipse – Anlegen eines Programmes

5. Geben Sie das Listing 1.1 oder Listing 1.2 in Ihr Programm ein.

```
CONSTANTS gc_lufthansa TYPE s_carr_id VALUE 'LH'.

SELECT carrid, connid, airpfrom, airpto
     FROM spfli
     INTO TABLE @DATA(gt_spfli)
     WHERE carrid = @gc_lufthansa.

LOOP AT gt_spfli
     ASSIGNING FIELD-SYMBOL(<gs_spfli>).
  WRITE: / <gs_spfli>-carrid,
           <gs_spfli>-connid,
           <gs_spfli>-airpfrom,
           <gs_spfli>-airpto.
ENDLOOP.
```

Listing 1.1: Neues ABAP

```
DATA gt_spfli TYPE TABLE OF spfli.
CONSTANTS gc_lufthansa TYPE s_carr_id VALUE 'LH'.
FIELD-SYMBOLS <gs_spfli> LIKE LINE OF gt_spfli.

SELECT carrid connid airpfrom airpto
     FROM spfli
     INTO CORRESPONDING FIELDS OF TABLE gt_spfli
     WHERE carrid = gc_lufthansa.

LOOP AT gt_spfli
     ASSIGNING <gs_spfli>.
  WRITE: / <gs_spfli> carrid,
           <gs_spfli>-connid,
           <gs_spfli>-airpfrom,
           <gs_spfli>-airpto.
ENDLOOP.
```

Listing 1.2: Altes ABAP

6. Verwenden Sie den *Pretty Printer*, indem Sie ⬆ + F1 drücken.

Tastenkombinationen in Eclipse

 Auf diesen Internetseiten finden Sie nützliche Eclipse-Tastaturkombinationen: *https://blogs.sap.com/2013/ 11/21/useful-keyboard-shortcuts-for-abap-in-eclipse/ https://www.blattertech.ch/blog/40/Nuetzliche-Eclipse-Kurzbefehle.htm.*

7. Aktivieren Sie Ihr Programm durch Drücken der Icons 🔲 oder 🔲 in der Buttonleiste.

8. Führen Sie das Programm aus, indem Sie 🔘 drücken. Wählen Sie im folgenden Pop-up (siehe Abbildung 1.30) den Eintrag **ABAP-Anwendung**, und drücken Sie OK oder wahlweise F8 .

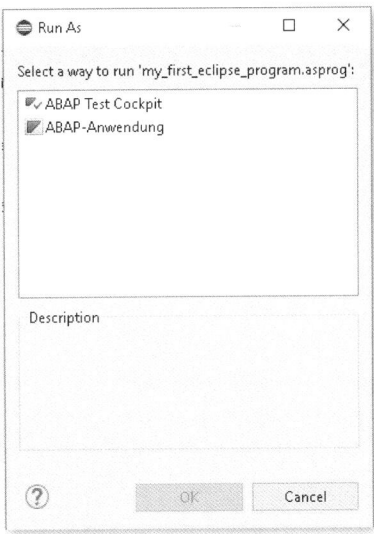

Abbildung 1.30: Eclipse – auszuführende Anwendungsart

Die Ergebnisliste im Editor sollte nun wie in Abbildung 1.31 ausse-hen.

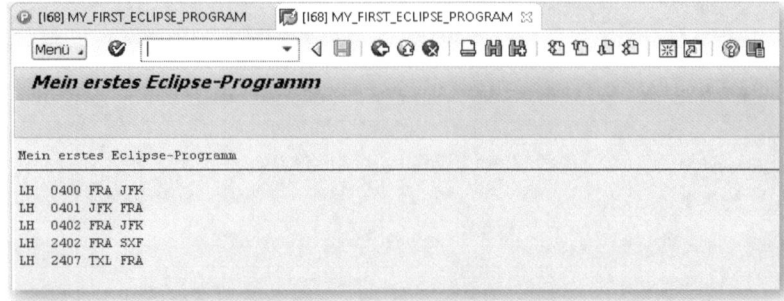

Abbildung 1.31: Ergebnisliste erstes Eclipse-Programm

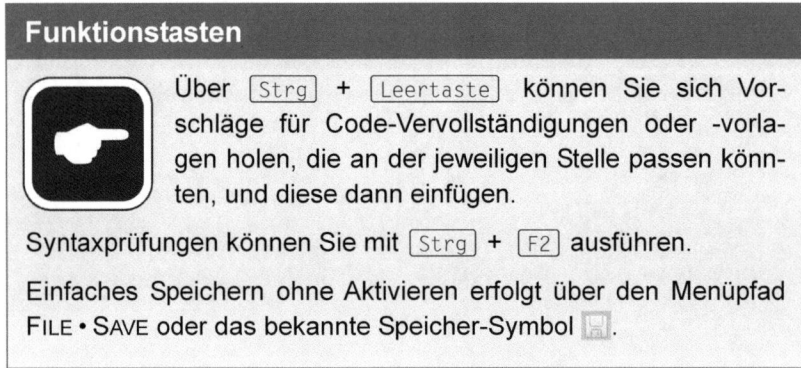

9. Setzen Sie den Cursor im Coding in das Wort SPFLI. Daraufhin sehen Sie im unteren Informationsfenster die Struktur von SPFLI.

10. Setzen Sie den Cursor in das Wort SPFLI in Ihrem Programm. Wählen Sie dann den Menüpfad NAVIGATE • NAVIGIEREN ZU oder drücken Sie [F3].

   Es öffnet sich das SAP GUI in Ihrem Editor, und Sie sehen SPFLI in der Transaktion SE11 (Data Dictionary).

11. Setzen Sie den Cursor in das Wort GT_SPFLI der LOOP-Anweisung. Wählen Sie dann den Menüpfad NAVIGATE • NAVIGIEREN ZU, oder drücken Sie [F3].

   Der Cursor springt jetzt an die DATA-Deklaration von GT_SPFLI.

12. Setzen Sie den Cursor in das Wort GT_SPFLI seiner DATA-Deklaration. Wählen Sie im Kontextmenü der rechten Maustaste den Eintrag VERWENDUNGSNACHWEIS ABRUFEN.

Sie sehen daraufhin im unteren Informationsbereich die Vorkommen von GT_SPFLI. Wenn Sie darauf doppelklicken, gelangen Sie an die Stelle des Editors.

13. Um Breakpoints zu setzen, doppelklicken Sie in Ihrem Programm links von der Zeilennummer, in der die LOOP-Anweisung beginnt.

Daraufhin erscheint ein blauer Punkt links neben der Zahl, wie Sie ihn in Abbildung 1.32 sehen.

```
10  SELECT carrid, connid, airpfrom, airpto
11       FROM spfli
12       INTO TABLE @DATA(gt_spfli)
13       WHERE carrid = @gc_lufthansa.
14
15  LOOP AT gt_spfli
16       ASSIGNING FIELD-SYMBOL(<gs_spfli>).
17    WRITE: / <gs_spfli>-carrid,
18              <gs_spfli>-connid,
19              <gs_spfli>-airpfrom,
20              <gs_spfli>-airpto.
21  ENDLOOP.
```

Abbildung 1.32: Eclipse – Breakpoint

Sie können auch einen Breakpoint auf eine konkrete ABAP-Anweisung oder Ausnahmeklasse setzen: über den Menüpfad RUN • ABAP-BREAKPOINTS. Diese Breakpoints sehen Sie nicht im Editor, sondern nur in der Breakpoint-Ansicht des unteren Informationsbereichs.

14. Starten Sie das Programm.

Das Programm läuft jetzt im Debugger. Sehen Sie sich im Debugger ein wenig um.

Wenn Sie Anfänger im Eclipse-Umfeld sind, empfehle ich Ihnen die Übungen im SAP Community Network. Sie erhalten diese unter *http://scn.sap.com/docs/DOC-31815*.

1.3.6 Das SAP HANA Studio

Das SAP HANA Studio in Eclipse benötigen Sie für die HANA-Entwicklung und -Administration. Für die Arbeit mit dem SAP HANA Studio benötigen Sie im SAP-System die Berechtigungsrollen

▶ ABAP_DEV
zum Anlegen, Ändern, Löschen und Aktivieren von Entwicklungsobjekten im SAP HANA Repository,

▶ ABAP_READ
zum Anzeigen von Entwicklungsobjekten im SAP HANA Repository.

Das SAP HANA Studio können Sie mit unterschiedlichen Perspektiven nutzen. Diese sind v. a.:

▶ *SAP HANA Modeler*
Hier finden Sie den Datenbankkatalog und können Datensichten und Datenbankprozeduren im SAP HANA Repository anlegen.

▶ *SAP HANA Development*
Diese Perspektive ist für allgemeine Entwicklungen, v. a. mit SAP HANA Extended Services vorgesehen, die mit dem SAP HANA Repository kommunizieren.

▶ *SAP HANA PlanViz*
Es dient der Laufzeit- und Fehleranalyse in SAP HANA.

▶ *SAP HANA Administration Console*
Damit können Administratoren oder Entwickler das SAP-HANA-System beobachten und verwalten. Auch Benutzer und Berechtigungen werden hier verwaltet.

Um das SAP HANA Studio mit der SAP-HANA-Datenbank zu verbinden, können Sie die Perspektive »SAP HANA Modeler« verwenden.

1. Starten Sie Eclipse.

2. Wählen Sie im Menüpfad WINDOW • PERSPECTIVE • OPEN PERSPECTIVE • OTHER.

3. Es öffnet sich ein Pop-up, wie Sie es in Abbildung 1.33 sehen.

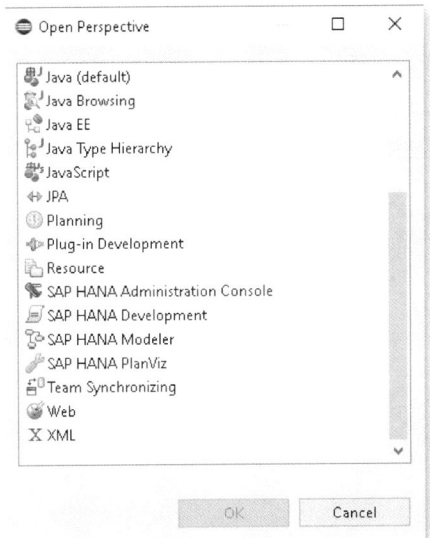

Abbildung 1.33: Eclipse – Auswahl der Perspektive

4. Wählen Sie SAP HANA MODELER, und drücken Sie den Button OK.

5. Binden Sie das SAP HANA Studio an die SAP-HANA-Datenbank, indem Sie in der linken Perspektiven-Ansicht unter dem Reiter SYSTEMS auf das Dropdown-Menü des Icons ⊞ ▾ drücken. Wählen Sie ADD SYSTEM (siehe Abbildung 1.34).

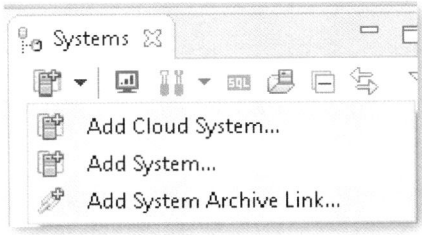

Abbildung 1.34: Eclipse – Verbinden mit HANA-Datenbank

6. Geben Sie im nachfolgenden Pop-up, wie in Abbildung 1.35 zu sehen, die Systemdaten für den SAP-HANA-Datenbankserver ein:

   a. HOST NAME,
   b. INSTANCE NUMBER,
   c. Beschreibung (DESCRIPTION).

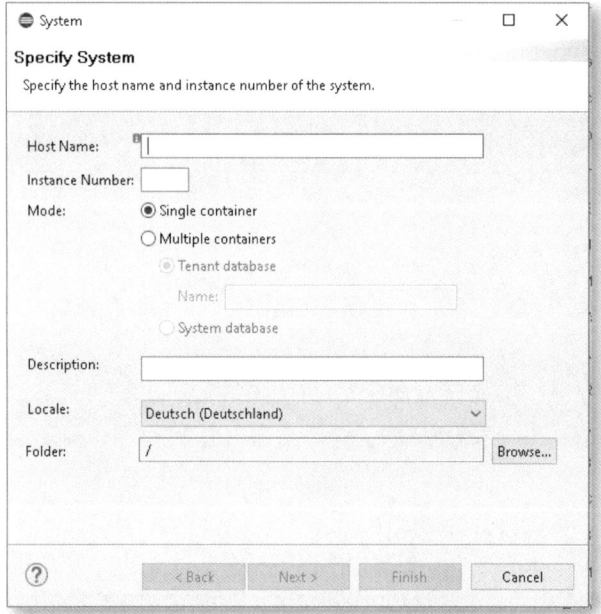

Abbildung 1.35: Eclipse – HANA-Datenbankserver

7. Wenn Sie auf den Button NEXT geklickt haben, gelangen Sie zum Folge-Pop-up (Abbildung 1.36). Geben Sie hier Ihren Benutzernamen und das Passwort ein. (Im Bild ist die Funktion ausgegraut, da noch kein Eintrag erfolgt ist)

8. Nach Drücken des Buttons FINISH wird die Verbindung zum Datenbankserver aufgebaut.

Sobald die Datenbankverbindung aufgebaut ist, sehen Sie die vollständige Perspektive des HANA Modelers (siehe Abbildung 1.37).

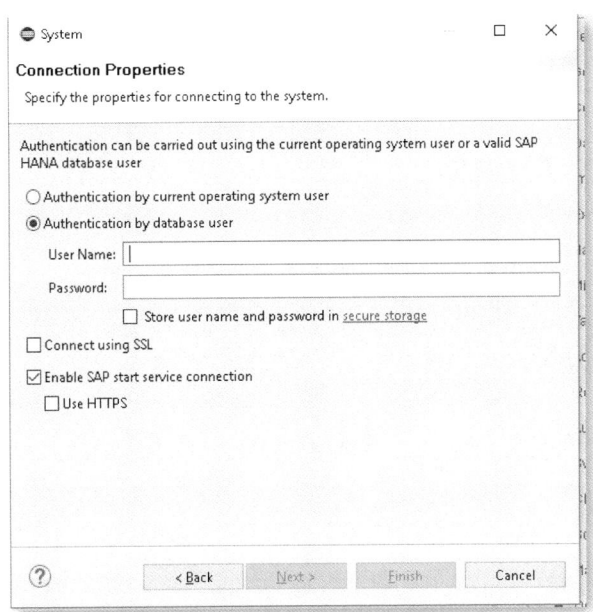

Abbildung 1.36: Eclipse – HANA-Benutzerdaten

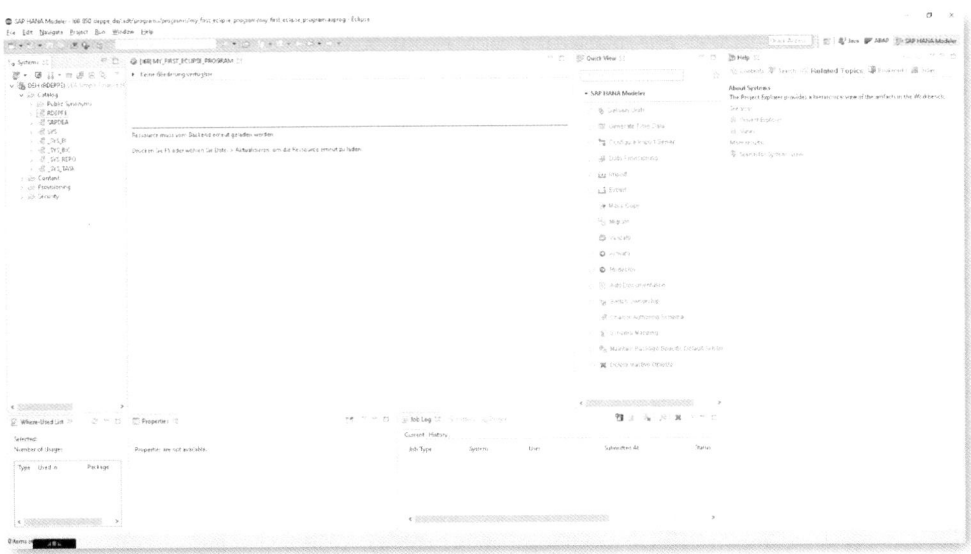

Abbildung 1.37: Eclipse – Perspektive HANA Modeler

Rechts oben in der Ecke der Perspektive können Sie zwischen den unterschiedlichen Perspektiven ABAP (Applikationsserver) und HANA MODELER (HANA Datenbankserver) hin- und herschalten (siehe Abbildung 1.38).

Abbildung 1.38: Auswahl der Perspektiven

In der linken Sicht SYSTEMS (Abbildung 1.39) sehen Sie eine Baumstruktur mit vier Hauptknoten:

▶ CATALOG,

▶ CONTENT,

▶ PROVISIONING – unter diesem Knoten lassen sich externe Datenquellen einbinden,

▶ SECURITY – hier können Sie Benutzer und Rollen verwalten.

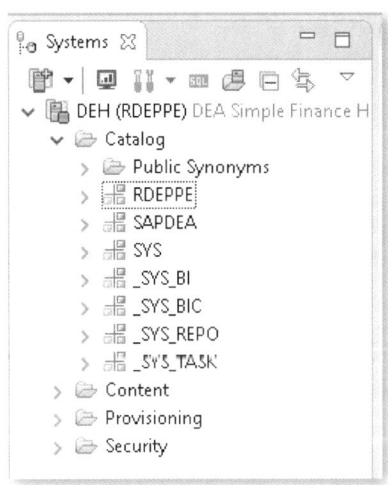

Abbildung 1.39: Sicht »Systems« des HANA Modelers

Im Folgenden gehe ich näher auf die Knoten CATALOG und CONTENT ein, da diese am häufigsten verwendet werden.

Systemknoten »Catalog«

Der *Catalog* ist ein Datenbankkatalog, der die direkten Objekte der Datenbank (*Datenbankobjekte*) enthält. Dazu zählen Datenbanktabellen, -prozeduren und Datensichten.

Wenn Sie den Knoten CATALOG aufklappen, sehen Sie die in Tabelle 1.1 ausgewiesenen zugehörigen Datenbankobjekte:

Datenbank-objekt	Beschreibung
Table	Datenbanktabelle, die Ihre Daten speichert. Sie können diese Tabelle auch mit dem Data Dictionary des ABAP-Applikationsservers anlegen.
View	Datensicht über eine oder mehrere Tabellen. Er ist gleichzusetzen mit dem View im Data Dictionary des ABAP-Applikationsservers.
Column View	Spezielle Datensicht für Tabellen (HANA-analytische Views), die als Column Stores angelegt sind.
Function	Eigendefinierte Funktionen, um Kalkulationen durchzuführen, die für Select-Anweisungen verwendet werden können.
Procedure	Datenbankprozeduren, die als gekapselte Programme geschrieben und wiederverwendbar sind. Sie sind nur auf der HANA-Datenbank ausführbar.
Index	Zusätzliche Speicherstruktur, welche die Suche nach Datensätzen und das Sortieren der Datenbanktabelle beschleunigt, analog zum zusätzlichen Index von Datenbanktabellen im ABAP Dictionary.
Sequence	Eine Sequenz bietet die Möglichkeit, fortlaufende eindeutige Nummern zu erzeugen, analog zum Nummernkreis in ABAP.

Datenbank-objekt	Beschreibung
Synonym	*Alias* (verkürzter Name) für Datenbanktabellen, Views, Datenbankprozeduren und Sequenzen. Datenbankobjekte sind im Normalfall nur mit langen Namen ansprechbar und über Synonyme einfacher aufrufbar. Wir kommen im Verlauf dieses Abschnitts noch darauf zu sprechen.
Trigger	Programm, das bei speziellen Ereignissen des Datenbankservers (z. B. Änderung von Datensätzen einer Tabelle) ausgeführt wird, ähnlich dem »Ereignishandler« einer ABAP-Klasse.
EPM Model und EPM Query Source	Dieses sind Objekte für die Planungs-Engine, auf die ich aber nicht weiter eingehe.

Tabelle 1.1: Datenbankobjekte des CATALOG-Knotens

Im Knoten CATALOG sehen Sie mehrere Unterknoten. Dieses sind die sogenannten *Datenbankschemata*. Ein Schema bildet eine Gruppe logisch zusammengehöriger Datenbankobjekte. Sie finden voreingestellt:

▶ Ein Datenbankschema mit Ihrem eigenen Benutzernamen und Datenbankobjekten für Ihren persönlichen Namensraum;

▶ ein Datenbankschema, welches den Namen des ABAP-Applikationsservers enthält – dieses nennt man auch *Systemschema* oder *ABAP-Schema*. Darüber kommuniziert der Applikationsserver mit der HANA-Datenbank. Der Name des ABAP-Schemas setzt sich zusammen aus »SAP« und der System-ID. Für ein SAP-System »DEA« lautet also der Name des ABAP-Schemas »SAPDEA«;

▶ mit »SYS« oder »_SYS« beginnende Datenbankschemata, die von der HANA-Datenbank selbst verwaltet werden.

Wir haben in Listing 1.1 aus der Datenbanktabelle SPFLI selektiert. Sie können sich unter CATALOG auch direkt den Inhalt der Datenbanktabelle SPFLI anzeigen lassen.

1. Öffnen Sie dazu das ABAP-Schema des Applikationsservers.

2. Öffnen Sie den Knoten TABLES.

3. Sie sehen jetzt alle Tabellen, über die der Applikationsserver mit der Datenbank kommuniziert. Erfahrungsgemäß sind dieses sehr viele. Deshalb können Sie nach der gesuchten Tabelle filtern. Dazu markieren Sie den Knoten TABLES und öffnen mit der rechten Maustaste das Kontextmenü.

4. Wählen Sie im Kontextmenü den Eintrag FIND TABLE.

   Es öffnet sich ein Pop-up, wie Sie es in Abbildung 1.40 sehen.

Abbildung 1.40: Eclipse – Suche nach Tabelle

5. Geben Sie als Namen der Tabelle **SPFLI** ein. Überzeugen Sie sich, dass der Haken bei SHOW DEFINITION gesetzt ist.

Sie sehen sodann im Bereich MATCHING ITEMS eine Auswahl von Tabellen, die den String SPFLI enthalten (siehe Abbildung 1.41).

Abbildung 1.41: Eclipse – Auswahl von Tabelle SPFLI

6. Wählen Sie **SPFLI** des Systemschemas, und drücken Sie den Button OK.

   Nun wird Ihnen die Tabellenstruktur des SPFLI angezeigt (Abbildung 1.42). Hier können Sie auch ablesen, dass die Tabelle SPFLI als **Column Store** angelegt wurde (sichtbar im Feld TYPE).

   Unter den einzelnen Reiter in der Tabellenanzeige finden Sie weitere nützliche Informationen, die Sie in Ihrer Programmierung berücksichtigen können.

7. Setzen Sie den Cursor in das Namensfeld der Tabelle, und wählen Sie im Kontextmenü (rechte Maustaste) den Eintrag CONTENT.

   Sie sehen daraufhin die ersten tausend Datensätze der Datenbanktabelle (Abbildung 1.43).

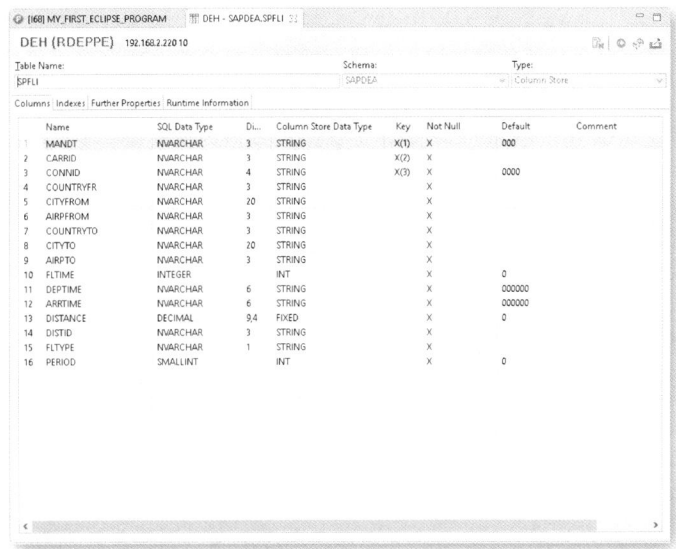

Abbildung 1.42: Eclipse – Anzeige der Tabellenstruktur

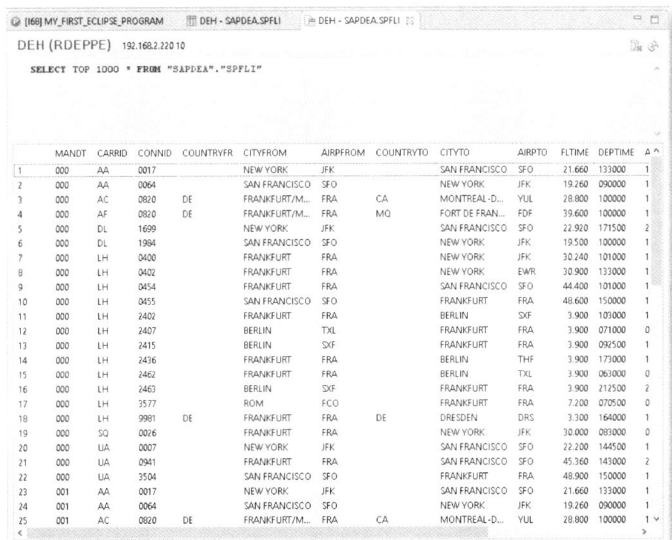

Abbildung 1.43: Eclipse – Auszug aus den ersten tausend Datensätzen

8. Um nur die Datensätze zur Tabelle SPFLI sehen zu können, filtern Sie die Baumstruktur des TABLE-Knotens nach SPFLI. Markieren Sie dafür den TABLE-Knoten, und öffnen Sie mit der rechten Maustaste das Kontextmenü.

9. Wählen Sie im Kontextmenü den Eintrag FILTERS.

10. Geben Sie im Folge-Pop-up den Namen **SPFLI** ein, und drücken Sie OK.

Sie finden jetzt in der Sicht SYSTEMS die gefilterten Einträge für SPFLI, analog zu Abbildung 1.44.

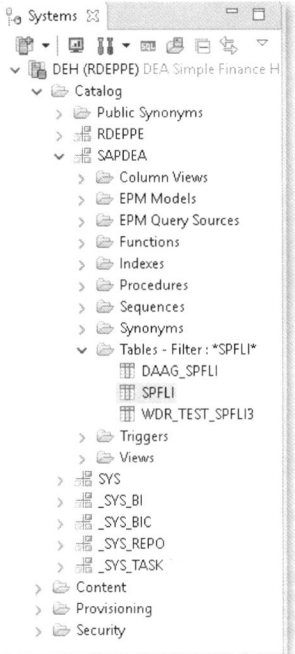

Abbildung 1.44: Eclipse – gefiltert nach Tabelle SPFLI

11. Markieren Sie die Tabelle SPFLI, und wählen Sie im Kontextmenü den Eintrag OPEN DATA PREVIEW.

Nun werden alle vorliegenden Datensätze aufgelistet (siehe Abbildung 1.45).

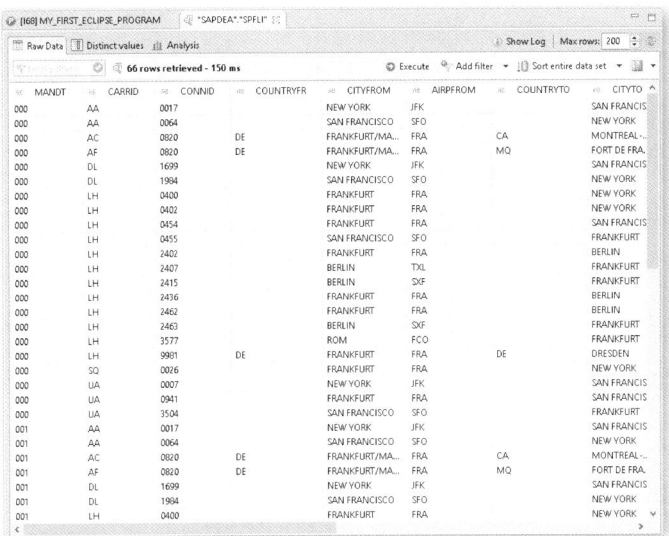

Abbildung 1.45: Eclipse – Anzeige aller Datensätze

In der rechten oberen Ecke sehen Sie die derzeitige maximale Anzahl der in der Vorschau angezeigten Datensätze (hier **200**). Diese können Sie verändern.

Data Preview

 In den Benutzereinstellungen können Sie angeben, wie viele Datensätze grundsätzlich über die Funktion »Data Preview« angezeigt werden sollen. Standardmäßig sind 5000 Datensätze voreingestellt. Sie können dieses auf eine unbegrenzte Anzahl ändern, wenn Sie im Pfad WINDOW • PREFERENCES • SAP HANA • MODELER • DATA PREVIEW die Auswahl anpassen.

Die Datensatzanzeige enthält neben dem Reiter RAW DATA die Reiter DISTINCT VALUES und ANALYSIS. Wenn Sie im Reiter DISTINCT VALUES ein Feld markieren, können Sie sehen, welche Werte bei den Datensätzen in diesem Feld vorhanden sind und wie häufig sie vorkommen.

Ein praktisches Tool von SAP HANA Studio ist die *SQL-Konsole*. Hiermit können Sie schnell SQL-Statements schreiben, die Daten aus den Tabellen des Catalogs selektieren. Sie verwenden die SQL-Konsole wie folgt:

1. Markieren Sie wiederum den Knoten TABLES.

2. Wählen Sie mit der rechten Maustaste im Kontextmenü den Eintrag OPEN SQL CONSOLE.

3. Geben Sie in dem sich öffnenden Editor das Coding aus Listing 1.3 ein.

```
SELECT spfli.carrid, spfli.connid, scarr.carrname,
       spfli.airpfrom, spfli.airpto
FROM spfli JOIN scarr
ON scarr.carrid = spfli.carrid;
```

Listing 1.3: Selektion durch Native SQL

4. Drücken Sie den Button EXECUTE ▶.

Im Listing 1.3 sehen Sie, dass in der HANA-Datenbank die ABAP-Anweisungen anders geschrieben werden. Hierbei handelt es sich um natives SQL. Die zu selektierenden Spalten werden durch Kommas getrennt, in Joins erfolgt die Verbindung von Tabelle und Feld durch einen Punkt, und die Anweisung wird durch ein Semikolon beendet.

Wenn Sie in der SQL-Konsole mehrere SQL-Anweisungen durch Semikolon getrennt eingeben, können Sie diese durch einmaliges Anklicken von EXECUTE gemeinsam ausführen. Wenn Sie nur eine oder einen Teil der Anweisungen ausführen möchten, markieren Sie diese vor dem Klick auf EXECUTE.

Mit Strg + Leertaste können Sie auf Code Completion und Templates zugreifen.

Im Catalog finden Sie des Weiteren einen Knoten mit dem Namen *Public Synonyms*. Objekte werden in Programmen mit ihrem direkten

Pfad, über den sie erreichbar sind, angesprochen. Die Datenbanktabelle SPFLI wird z. B. im Fall der Abbildung 1.44 mit SAPDEA.SPFLI angesprochen. Unter PUBLIC SYNONYMS können Sie nun einen öffentlich zugängigen Alias hinterlegen, der die lange Pfadangabe ersetzt.

Systemknoten »Content«

Der *Content* in der Sicht SYSTEMS repräsentiert die Paketstruktur des SAP HANA Repositories, ähnlich den Paketen der ABAP Workbench. Die Pakete enthalten die allgemeinen Entwicklungsobjekte. Ein Paket bildet einen Namensraum, sodass die Namen eines Entwicklungsobjektes nur innerhalb seines Paketes eindeutig sein müssen.

Die Entwicklungsobjekte des Contents sehen Sie in Tabelle 1.2:

Datenbankobjekt	Beschreibung
Package	Ein Paket ist eine Gruppe von Entwicklungsobjekten.
Attribute View	Mit Attribute Views bilden Sie eine Verbindung über mehrere Datenbanktabellen oder für eine Auswahl von Spalten einer Datenbanktabelle.
Analytic View	Mit Analytic Views können Sie selektierte Daten aggregieren.
Calculation View	Für komplexe Kalkulationen, bei denen Attribute Views oder Analytic Views nicht mehr ausreichen. Sie können auch mit SQLScript bearbeitet werden.
Procedure	Datenbankprozeduren: Programme, die direkt in der HANA-Datenbank ausgeführt werden und wiederverwendbar sind.
Decision Table	Entscheidungstabellen für Geschäftsregeln auf der HANA-Datenbank.
Analytic Privilege	Für zeilenweise Einschränkungen auf Sichten. Dieses spielt in ABAP keine Rolle.

Tabelle 1.2: Entwicklungsobjekte des CONTENT-Knotens

57

Bitte beachten Sie: Attribute View und Analytic View sind ab Release 7.4 SP5 veraltet (siehe auch Abschnitt 2.6).

Weitere Entwicklungsobjekte lassen sich über die Perspektive SAP HANA DEVELOPMENT bearbeiten.

Von der SAP gelieferte Objekte sind im Unterknoten SAP abgelegt.

1.3.7 Das SAP HANA Repository

Das SAP HANA Repository listet alle Objekte auf, die im Rahmen der Arbeit mit der HANA-Datenbank verwendet werden können. Sie finden es in Eclipse auf der linken Seite der Eclipse-Perspektive SAP HANA DEVELOPMENT (siehe Abbildung 1.46).

Abbildung 1.46: SAP HANA Repository

Unter dem Paket SAP finden Sie alle Objekte, die von SAP ausgeliefert werden. Hier können Sie keine eigenen Objekte ablegen. Eigene Pakete lassen sich zu einer Pakethierarchie gestalten. Mehrere Pakete lassen sich wiederum zu einer *Delivery Unit* gruppieren, die dann transportiert wird.

Unter dem Paket SYSTEM-LOCAL können Sie Objekte ablegen, die nicht transportiert werden sollen.

58

2 Grundlagen der ABAP-Programmierung für SAP HANA

Kommen wir nun zu den sprachlichen Grundlagen der Arbeit mit SAP HANA. Sie lernen, mithilfe von Native SQL und SQLScript Daten zu selektieren. Mit dem Release 7.4 SP5 gab es eine bedeutende Neuerung im Umgang mit SAP HANA: Die Sprache wurde erheblich vereinfacht. Ich stelle Ihnen die Situation sowohl vor als auch nach dem Release 7.4 SP5 vor.

2.1 Übertragung der ABAP-Programmierung vom Applikationsserver nach SAP HANA

Für eine Übertragung der ABAP-Programmierung vom Applikationsserver in den SAP-HANA-Bereich ist, verbunden mit der damit notwendigen sprachlichen Veränderung, eine Übertragung der SQL-Anweisungen von Open SQL nach Native SQL erforderlich. Dabei finden auch Namensänderungen (Konvertierungen) von Datentypen statt. Die Datenobjekte des Native SQL werden anders benannt als im Open SQL.

Im Einzelnen kommt es zu den in Tabelle 2.1 aufgeführten Konvertierungen.

Open-SQL-Typ	Native-SQL-Typ	Länge
ACCP	NVARCHAR	6
CLNT	NVARCHAR	3
CHAR10	NVARCHAR	10
CHAR20	NVARCHAR	20
CUKY	NVARCHAR	5
CURR	DECIMAL	10,2
DATS	NVARCHAR	8

Open-SQL-Typ	Native-SQL-Typ	Länge
DEC10_2	DECIMAL	10,2
DF16_RAW	VARBINARY	8
DF34_RAW	VARBINARY	16
DF16_DEC	DECIMAL	10,5
DF34_DEC	DECIMAL	26,5
DF16_SCL	VARBINARY	8
DF16_SCL_SCALE	SMALLINT	
DF34_SCL	VARBINARY	16
DF34_SCL_SCALE	SMALLINT	
INT1	SMALLINT	
INT2	SMALLINT	
INT4	INTEGER	
LANG	NVARCHAR	1
NUMC	NVARCHAR	10
QUAN	DECIMAL	10
RAW100	VARBINARY	100
RAWSTRING	BLOB	
SSTRING	VARBINARY	100
STRING	NCLOB	
TIMS	NVARCHAR	6
UNIT	NVARCHAR	3

Tabelle 2.1: Unterschied Open-SQL-Typ und Native-SQL-Typ

Das ABAP Dictionary lässt benutzerspezifische DDIC-Datentypen zu wie

▶ Datenelemente,

▶ Strukturen,

▶ Tabellentypen.

Diese DDIC-Datentypen sowie Domänen sind bei der Modellierung und Programmierung aufgrund des notwendigen speziellen Native-SQL-Typs in SAP HANA nicht direkt verwendbar.

Datenbankindizes werden bei der Migration von Datenbanktabellen nach SAP HANA nicht direkt angelegt, sondern müssen explizit für jede Datenbank aktiviert werden. Diese Aktivierungen sollten nur in Einzelfällen erfolgen. Bei den Column-Store-Tabellen sind die Zugriffszeiten gewöhnlich sehr schnell, sodass ein zusätzlicher Index unnötig wird. Der Zugriff über Sekundärindizes benötigt eine höhere Zugriffszeit. Verwenden Sie diese deshalb nur, wenn ein Zugriff über den Primärindex ausnahmsweise zu lange dauert.

Pool-und Clustertabellen aus dem ABAP Dictionary werden in SAP HANA als normale transparente Tabellen angelegt.

Im herkömmlichen ABAP gibt es keine Repräsentation eines NULL-Wertes. NULL-Werte werden in den Initialwert einer Spalte umgeformt, sodass man nicht sagen kann, ob es sich um einen Initialwert oder eine ausdrückliche Null handelt. Wenn Sie eine SQL-Anweisung als Native SQL über die SQL-Konsole eingeben, erhalten Sie für den NULL-Wert ein »?«.

2.2   ABAP Database Connectivity

Um in normalen ABAP-Anwendungen des Applikationsservers Native SQL leichter nutzen zu können, was Sie im Zusammenhang mit SAP HANA tun sollten, hat die SAP die *ABAP Database Connectivity (ADBC)* erfunden, die objektorientiert verwendet wird. Es gibt drei Hauptklassen, die in diesem Zusammenhang eingesetzt werden:

- ▶ CL_SQL_CONNECTION,
- ▶ CL_SQL_STATEMENT und
- ▶ CL_SQL_RESULT_SET.

In Listing 1.1 und Listing 1.2 hatten wir eine kleine Selektion mit Open SQL erstellt. In Listing 2.1 und Listing 2.2 zeige ich diese Selektion auf der Basis von ADBC.

```abap
REPORT zselektion_mit_adbc_neues_abap.

TYPES: BEGIN OF type_spfli,
       carrid       TYPE s_carr_id,
       connid       TYPE s_conn_id,
       airport_from TYPE s_fromairp,
       airport_to   TYPE s_toairp,
       END OF type_spfli.

DATA gt_spfli TYPE STANDARD TABLE OF type_spfli.
CONSTANTS gc_lufthansa TYPE s_carr_id VALUE 'LH'.

* Variablen füllen
DATA(gv_statement)
        = |SELECT carrid, connid, airpfrom, airpto |
     && |FROM spfli |
     && |WHERE mandt = { sy-mandt } |
     && |AND carrid = '{ gc_lufthansa }'|.

TRY.
* Select vorbereiten
   DATA(go_connection)
            = cl_sql_connection=>get_connection( ).
   DATA(go_statement)
        = go_connection->create_statement( ).

* Select durchführen
   DATA(go_result_set) = go_statement->execute_query(
                                 gv_statement ).
   go_result_set->set_param_table(
                          REF #( gt_spfli ) ).
   go_result_set->next_package( ).
   go_result_set->close( ).
   CATCH cx_sql_exception INTO DATA(gx_exception).
   DATA(gv_error_message)
```

```
                                = gx_exception->get_text( ).
    MESSAGE gv_error_message TYPE 'E'.
ENDTRY.

LOOP AT gt_spfli
     ASSIGNING FIELD-SYMBOL(<gs_spfli>).
  WRITE: / <gs_spfli>-carrid,
           <gs_spfli>-connid,
           <gs_spfli>-airport_from,
           <gs_spfli>-airport_to.
ENDLOOP.
```

Listing 2.1: Selektion mit ADBC (neues ABAP)

```
REPORT zselektion_mit_adbc_altes_abap.

TYPES: BEGIN OF type_spfli,
         carrid       TYPE s_carr_id,
         connid       TYPE s_conn_id,
         airport_from TYPE s_fromairp,
         airport_to   TYPE s_toairp,
       END OF type_spfli.

DATA: gv_statement     TYPE string,
      go_connection    TYPE REF TO cl_sql_connection,
      go_statement     TYPE REF TO cl_sql_statement,
      go_result_set    TYPE REF TO cl_sql_result_set,
      gt_spfli         TYPE STANDARD TABLE OF type_spfli,
      gr_spfli         TYPE REF TO data,
      gx_exception     TYPE REF TO cx_sql_exception,
      gv_error_message TYPE string.
CONSTANTS gc_lufthansa TYPE s_carr_id VALUE 'LH'.
FIELD-SYMBOLS <gs_spfli> LIKE LINE OF gt_spfli.

* Variablen füllen
CONCATENATE 'SELECT carrid, connid, airpfrom, airpto'
            'FROM spfli'
            'WHERE mandt ='
            sy-mandt
```

```
            'AND carrid = '''
            INTO gv_statement
            SEPARATED BY space.

CONCATENATE gv_statement
            gc_lufthansa
            ''''
            INTO gv_statement.

GET REFERENCE OF gt_spfli
    INTO gr_spfli.

TRY.
* Select vorbereiten
    go_connection = cl_sql_connection=>get_connection( ).
    go_statement  = go_connection->create_statement( ).

* Select durchführen
    go_result_set = go_statement->execute_query(
                                  gv_statement ).
    go_result_set->set_param_table( gr_spfli ).
    go_result_set->next_package( ).
    go_result_set->close( ).
  CATCH cx_sql_exception INTO gx_exception.
    gv_error_message = gx_exception->get_text( ).
    MESSAGE gv_error_message TYPE 'E'.
ENDTRY.

LOOP AT gt_spfli
    ASSIGNING <gs_spfli>.
  WRITE: / <gs_spfli>-carrid,
           <gs_spfli>-connid,
           <gs_spfli>-airport_from,
           <gs_spfli>-airport_to.
ENDLOOP.
```

Listing 2.2: Selektion mit ADBC (altes ABAP)

Als Erstes holen Sie sich eine Datenbankverbindung mithilfe der Methode GET_CONNECTION der Klasse CL_SQL_CONNECTION.

Sofern Sie auf eine sekundäre Datenbankverbindung zugreifen wollen, geben Sie diese als Parameter an. Ohne Parameter greifen Sie auf die Standarddatenbankverbindung zu. Mit dem Ergebnis dieser Methode, einem Objekt vom Typ CL_SQL_CONNECTION, rufen Sie die Instanzmethode CREATE_STATEMENT, aus der Sie ein Objekt vom Typ CL_SQL_STATEMENT erhalten. Diese Klasse besitzt u. a. die Methoden EXECUTE_QUERY und EXECUTE_UPDATE. Mit der Methode EXECUTE_QUERY führen Sie die Selektion der Datenbank aus und erhalten eine Instanz vom Typ CL_SQL_RESULT_SET, die das Ergebnis der Selektion enthält. Mit der Methode EXECUTE_UPDATE schreiben Sie Daten auf die Datenbank.

Ergebnisstruktur bzw. -tabelle müssen vom selben Typ wie die selektierten Spalten sein (kein CORRESPONDING INTO). Die zu selektierenden Spalten müssen durch ein Komma voneinander getrennt sein.

Nachteile von Native SQL

Bei Native SQL gibt es keine automatische Mandantenbehandlung, sodass der Mandant bei den SQL-Anweisungen (bei Selektion und bei Datenbankverbuchung) ausdrücklich angegeben werden muss. Außerdem kann natives SQL keinen ABAP-Tabellenpuffer nutzen und kein FOR ALL ENTRIES.

Die Methode NEXT_PACKAGE von CL_SQL_RESULT_SET überführt die Daten von Native SQL in die ABAP-Variablen. Anschließend muss die Selektion geschlossen werden.

Im Fehlerfall wird die Ausnahme CX_SQL_EXCEPTION geworfen. Allerdings werden Fehler im nativen SQL erst zur Laufzeit erkannt und sollten deshalb bei der Entwicklung in der SQL-Konsole des SAP HANA Studios getestet werden.

Für SQL-Anweisungen mit JOIN-Verbindungen, die in Open SQL zur Kennzeichnung der Tabellenspalten die Tilde verwenden (siehe Beispiel in Listing 2.3), muss bei nativem SQL ein Punkt gesetzt werden (Listing 2.4).

```
SELECT spfli~carrid, spfli~connid, scarr~carrname,
       spfli~airpfrom, spfli~airpto
   FROM spfli JOIN scarr
   ON scarr.carrid = spfli.carrid.
```

Listing 2.3: JOIN-Select mit Open SQL

```
SELECT spfli.carrid, spfli.connid, scarr.carrname,
       spfli.airpfrom, spfli.airpto
   FROM spfli JOIN scarr
   ON scarr.carrid = spfli.carrid;
```

Listing 2.4: JOIN-Select mit nativem SQL

Für

```
DATA(go_connection)
              = cl_sql_connection=>get_connection( ).
DATA(go_statement) = go_connection->create_statement( ).
DATA(go_result_set) = go_statement->execute_query(
                                    gv_statement ).
```

kann man deutlich verkürzt schreiben:

```
DATA(go_result_set) = cl_sql_connection=>get_connection(
)->create_statement()->execute_query( gv_statement ).
```

2.3 Sekundäre Datenbankverbindungen

Bisher haben Sie es bei Ihren ABAP-Programmierungen immer mit nur einer Datenbank zu tun gehabt, auf der alle Ihre Datenbanktabellen gelagert waren. Vor allem bei HANA-Side-by-Side-Szenarien müssen Sie aber mit mehreren Datenbanken arbeiten. Die anderen Datenbanken bezeichnet man als *sekundäre Datenbanken* bzw. *sekundäre Datenbankverbindungen*.

Ihr Programm liest die Daten gewöhnlich von der HANA-Datenbank. Sie können aber auch direkt auf die sekundäre Datenbankverbindung zugreifen, um v. a. Lesezugriffe zu beschleunigen.

Zur Verwaltung der sekundären Datenbankverbindungen steht dem Systemadministrator die Transaktion **DBACOCKPIT** zur Verfügung. Bei dem Select in Listing 2.5 nehmen wir an, dass eine sekundäre Datenbankverbindung mit dem Namen SECOND existiert.

```
SELECT carrid connid
       INTO ls_spfli
       FROM spfli
       CONNECTION ('SECOND')
       WHERE carrid = 'LH'.
```

Listing 2.5: Sekundäre Datenbankverbindung mit Open SQL

In Listing 2.6 sehen Sie die Verwendung einer sekundären Datenbankverbindung mit ADBC.

```
go_connection = cl_sql_connection=>get_connection(
                'SECOND' ).
go_statement  = go_connection->create_statement( ).
```

Listing 2.6: Sekundäre Datenbankverbindung mit ADBC

2.4 Natives SQL im SAP HANA Studio

In Abschnitt 2.2 haben Sie gesehen, wie Sie natives SQL mithilfe von ADBC in normalen ABAP-Programmen verwenden können.

In diesem Abschnitt befassen wir uns mit dem Einsatz von nativem SQL im Eclipse-basierten SAP HANA Studio.

2.4.1 Dynamisches Anlegen von Tabellen und Views

In Native SQL haben Sie die Möglichkeit, in Ihrem Programm zur Laufzeit DDIC-Objekte (Tabellen und Views) anzulegen.

Mithilfe der Anweisung CREATE TABLE erzeugen Sie eine Datenbank-tabelle. In diesem Fall wird eine Row-Store-Tabelle angelegt. Für eine Column-Store-Tabelle, welche die übliche Tabellenform in SAP HANA darstellt, verwenden Sie die Anweisung CREATE COLUMN TABLE.

```
CREATE COLUMN TABLE "ZAIRPLANE"
("MANDT" NVARCHAR(3) DEFAULT '000' NOT NULL,
"TYPE" NVARCHAR(6) DEFAULT '' NOT NULL,
"MODEL" NVARCHAR(5) DEFAULT '' NOT NULL,
"SEATS" SMALLINT,
"MOTOR" SMALLINT,
PRIMARY KEY ("MANDT", "TYPE", "MODEL"));
```

Listing 2.7: Dynamisches Anlegen einer Datenbank-Tabelle

Im Listing 2.7 wird eine Datenbank-Tabelle mit Namen ZAIRPLANE angelegt, die aus den Feldern MANDT, TYPE, MODEL, SEATS und MOTOR besteht. Der Primärschlüssel besteht aus den Feldern MANDT, TYPE und MODEL. NVARCHAR und SMALLINT sind native Datentypen für SAP-HANA-Datenbanken. Wir erinnern uns: Anwei-sungen werden in Native SQL mit dem Semikolon abgeschlossen. Nachdem Sie die Anweisung ausgeführt haben, finden Sie die neue DB-Tabelle im Schema Ihrer Benutzer-ID des Datenbankkataloges.

```
CREATE VIEW zflight
AS SELECT sflight.mandt, sflight.carrid, sflight.connid,
          sflight.fldate, sbook.customid
          FROM sapdea.sflight INNER JOIN sapdea.sbook
          ON sflight.carrid = sbook.carrid
          AND sflight.connid = sbook.connid
          AND sflight.fldate = sbook.fldate;
```

Listing 2.8: Dynamisches Anlegen eines Datenbank-Views

In Listing 2.8 sehen Sie, wie ein Datenbank-View mit Namen ZFLIGHT dynamisch angelegt wird. Die DB-Tabellen SFLIGHT und SBOOK, aus denen der View bestehen soll, stehen bei der Erstellung dieses Buches im Datenbankschema SAPDEA. Die Nennung des Schemas ist immer dann erforderlich, wenn die Selektion in einem anderen Schema, i. d. R. mit der Benutzer-ID bezeichnet, durchgeführt wird.

Im normalen ABAP-DDIC besteht ein View immer aus einem *Inner Join*, bei dem Daten in beiden DB-Tabellen vorhanden sein müssen. Im Open SQL kann man innerhalb des Programmes noch einen *Left Outer Join* erstellen, bei welchem Daten auch nur in der linken Datenbanktabelle vorhanden sein können. SAP HANA kennt außer dem Inner Join und dem Left Outer Join auch einen *Right Outer Join*, bei dem Daten ausschließlich in der rechten Datenbanktabelle vorkommen können.

2.4.2 Die SELECT-Anweisung in SAP HANA

```
SELECT concat(carrid, connid) as "Verbindung",
       passname as "Passagier",
       to_date(fldate) as "Flugdatum",
       to_date(order_date) as "Buchungsdatum",
       convert_currency(amount =>loccuram,
                   "SOURCE_UNIT_COLUMN"=>loccurkey,
                   "SCHEMA"            =>'SAPDEA',
                   "TARGET_UNIT_COLUMN"=>'EUR',
                   "REFERENCE_DATE" =>current_utcdate,
                   "CLIENT"=>'100') as "Preis (EUR)"
       FROM sapdea.sbook
       WHERE days_between(order_date, fldate) < 100
         AND contains(passname, 'Max Mustermann',
                   fuzzy(0.8))
       ORDER BY fldate desc
       LIMIT 10;
```

Listing 2.9: SELECT-Anweisung in Native SQL in SAP HANA

69

In der SELECT-Anweisung aus Listing 2.9 können Sie sehr gut das Prinzip des *Code Pushdowns* erkennen. Berechnungsfunktionen, die im herkömmlichen ABAP **nach** der SELECT-Anweisung ausgeführt werden müssen, kann man bei Native SQL **während** der SELECT-Anweisung auf die Datenbank verlegen.

Über die CONCAT-Funktion werden in Listing 2.9 mehrere Datenfelder miteinander verknüpft. Andere Textverarbeitungsfunktionen sind z. B. SUBSTRING zum Lesen von Textfragmenten oder UPPER/LOWER zur Groß-/Kleinschreibung.

Über TO_DATE findet eine Datumskonvertierung vom internen in das externe Format statt. Mithilfe von DAYS_BETWEEN können Datumsintervalle selektiert werden. CURRENT_UTCDATE beinhaltet das aktuelle Systemdatum.

CONVERT_CURRENCY führt Währungskonvertierungen und UNIT _CONVERSION Einheitenkonvertierungen durch.

CONTAINS initiiert Textsuche, wobei mithilfe der FUZZY-Angabe Daten gesucht werden können, die nur annähernd der Angabe MAX MUSTERMANN entsprechen.

Die Angabe LIMIT begrenzt die Datenausgabe auf zehn Datensätze.

Wenn Sie in der SQL-Konsole Ihres SAP-HANA-Eclipse auf AUSFÜHREN ▶ drücken, können Sie das Ergebnis dieser Selektion sehen. Das Ergebnis ist eine Ausgabetabelle mit Spaltennamen, die jeweils hinter AS angegeben sind.

2.5 SQLScript

Sie sind bereits mit dem Open-SQL-Select, das Sie in normalen ABAP-Programmen des Applikationsservers verwenden, und dem Native SQL für den SAP-HANA-Bereich vertraut. Als Drittes lernen Sie jetzt das *SQLScript* kennen, welches Sie in Datenbankprozeduren, Calculation Views von SAP HANA sowie den CDS-Views verwenden. *Datenbankprozeduren* sind Selektionen als Codefragmente, die zwecks Wiederverwendung auf der SAP-HANA-Datenbank abgelegt werden, ähnlich den Ihnen bekannten Funktionsbausteinen auf dem Applikationsserver. *Calculation Views* sind Sichtweisen auf die Datenbank, die ich Ihnen in Abschnitt 2.6.3 noch vorstellen werde.

Eine Besonderheit von SQLScript ist, dass Sie die SELECT-Anweisung nicht nur für Datenbankabfragen, sondern auch für Abfragen in internen Tabellen verwenden.

```
et_flights =
SELECT a.carrid, a.connid, a.fldate, b.customid
    FROM :it_sflights AS a INNER JOIN sapdea.sbook AS b
    ON a.mandt = b.mandt
    AND a.carrid = b.carrid
    AND a.connid = b.connid
    AND a.fldate = b.fldate
    WHERE a.mandt = :iv_mandt;
```

Listing 2.10: Einfache Selektion mit SQLScript

Die Selektion in Listing 2.10 stellt ein SQL-Script in einer Datenbankprozedur dar, wobei IT_SFLIGHTS und IV_MANDT Importparameter sind und ET_FLIGHTS ein Exportparameter ist. Variablen werden im lesenden Zugriff mit einem zusätzlichen Doppelpunkt aufgerufen. Die DB-Tabelle SBOOK steht zum Zeitpunkt dieser Bucherstellung im Schema SAPDEA.

In Listing 2.11 sehen Sie eine umfangreiche Selektion mit SQLScript, die aber aufgrund der schlechten Lesbarkeit (eingebettete zweite Selektion) weniger zu empfehlen ist.

```
et_flights =
SELECT a.carrid, a.connid, a.fldate, b.customid
        FROM ( SELECT TOP 10 c.carrid, c.connid,
                        sum(d.seatsocc)
            FROM sapdea.spfli AS c
            INNER JOIN sapdea.sflight AS d
```

```
          ON c.mandt = d.mandt
          AND c.carrid = d.carrid
          AND c.connid = d.connid
          WHERE c.mandt = :iv_mandt
          AND c.carrid = 'LH'
          GROUP BY a.carrid, a.connid
          ORDER BY sum(d.seatsocc) DESC ) AS a
   INNER JOIN sapdea.sbook AS b
   ON a.mandt = b.mandt
   AND a.carrid = b.carrid
   AND a.connid = b.connid
   AND a.fldate = b.fldate
   WHERE a.mandt = :iv_mandt;
```

Listing 2.11: Umfangreiche Selektion mit SQL-Script

Stattdessen sollten Sie zwei separate Selektionen durchführen. Mithilfe der Anweisung TOP 10 werden Ihnen nur die zehn Datensätze angezeigt, die die meisten Sitzbelegungen haben.

Einzelne Selektionen können vom Datenbankoptimierer auch parallel ausgeführt werden, wenn diese unabhängig voneinander sind.

Ergänzt werden können die Datenbankprozeduren und Calculation Views auch mit Fallunterscheidungen (IF...THEN...ELSEIF... THEN...ELSE...END IF) oder Schleifen (WHILE...ENDWHILE).

```
IF Bedingung THEN Select 1
ELSE Select 2
END IF;
```

Sie können aber auch eine Fallunterscheidung in die Selektionskriterien einbauen, wie Sie in Listing 2.12 sehen:

```
ET_FLIGHTS =
SELECT carrid, connid, CASE WHEN fltime < '120000'
                       THEN 'Early'
```

```
                    ELSE 'Late'
                    END AS time
    FROM sapdea.spfli
    WHERE a.mandt = :iv_mandt;
```

Listing 2.12: Fallunterscheidung in Selektionskriterien

Auf eine Selektion in einer Schleifenverarbeitung sollten Sie wegen erhöhter Laufzeit möglichst verzichten.

2.5.1 HANA-Datenbankprozeduren (gebräuchlich bis Release 7.4 SP4)

HANA-Datenbankprozeduren sind gekapselte SQL-Anweisungen, die wie Funktionsbausteine oder Klassenmethoden über Ein- und Ausgabeparameter verfügen und wiederverwendet werden können. Es gibt Datenbankprozeduren, die Daten nur lesen (*Read Only Procedures*), und solche, die Daten lesen und schreiben (*Read Write Procedures*). Während Letztere sowohl Read Only als auch andere Read Write Procedures aufrufen können, lassen sich mit Read Only Procedures nur weitere Read Only Procedures aufrufen.

Ablösung der HANA-Datenbankprozeduren

Die HANA-Datenbankprozeduren sind nur bis Release 7.4 SP4 gebräuchlich und werden danach von ABAP-Datenbankprozeduren abgelöst.

Die Anlage, Änderung und Löschung von HANA-Datenbankprozeduren erfolgt über SQL-Anweisungen oder ein Framework, welches dann die SQL-Anweisungen selbstständig erzeugt:

▶ Create Procedure
   Mit dieser Anweisung werden Datenbankprozeduren angelegt.

▶ Create Type
ist eine Anweisung, mithilfe derer Sie einen Tabellentyp anlegen, den Sie in der Schnittstelle der Datenbankprozedur verwenden können.

▶ Drop Procedure
Hiermit löschen Sie eine Datenbankprozedur.

▶ Alter Procedure
führt zu einer Neugenerierung der Datenbankprozedur.

▶ Call
Hiermit rufen Sie eine Datenbankprozedur innerhalb eines Programmes auf.

Um eine Datenbankprozedur produktiv nutzen zu können, sollten Sie sie mit der SQL-Konsole in der Perspektive SAP HANA DEVELOPMENT anlegen, weil sie nur dann im SAP HANA REPOSITORY zur Verfügung steht.

Berechtigungsprobleme

 Wenn Sie für das Systemschema (bestehend aus SAP und System-ID) keine Berechtigung haben, wird es vermutlich mit dem Schema funktionieren, das Ihrer Benutzer-ID gleicht.

Bevor wir Datenbankprozeduren anlegen, möchte ich Ihnen kurz erläutern, wie Sie Tabellentypen für Schnittstellen von Datenbankprozeduren anlegen.

Anlage von Tabellentypen

In der Schnittstelle von Datenbankprozeduren können Sie Tabellen nutzen, die sich entweder auf eine Datenbanktabelle oder auf einen Tabellentyp beziehen.

```
CREATE TYPE <type_name> AS TABLE (<column_definition>[{,<
column_definition>}...])
```

Listing 2.13: Anweisung zum Anlegen eines Tabellentypen

Mit CREATE Type wird in Listing 2.13 der Tabellentyp angelegt, dessen Name in <type_name> eingesetzt wird. <column_definition> steht für den Namen der Spalte und dessen Datentyp.

```
CREATE TYPE tt_flights AS TABLE (
   carrid NVARCHAR(3),
   connid NVARCHAR(4));
```

Listing 2.14: Anlage eines Tabellentypen TT_FLIGHTS

In Listing 2.14 wird der Tabellentyp TT_FLIGHTS, bestehend aus zwei Spalten, im Catalog im Datenbankschema Ihrer Benutzer-ID angelegt. Sie finden ihn im Ordner PROCEDURES im Ordner TABLE TYPES.

Anlage von HANA-Datenbankprozeduren

Zum Anlegen einer Datenbankprozedur wählen Sie zunächst im Catalog in einem Datenbankschema den Ordner PROCEDURES und dann im Kontextmenü OPEN SQL CONSOLE.

Dort geben Sie in den Editor das Coding aus Listing 2.15 ein.

```
CREATE PROCEDURE <proc_name> [(<parameter_clause>)]
[LANGUAGE <lang>] [SQL SECURITY <mode>] [DEFAULT SCHEMA
<default_schema_name>]
 [READS SQL DATA [WITH RESULT VIEW <view_name>]] AS
{BEGIN [SEQUENTIAL EXECUTION]
   <procedure_body>
 END;
```

Listing 2.15: Anweisung zum Anlegen einer Datenbankprozedur

▶ Mithilfe der Anweisung CREATE PROCEDURE wird in Listing 2.15 die Datenbankprozedur angelegt.

▶ <proc_name> steht für den Namen der Datenbankprozedur.

▶ Bei <parameter_clause> können Sie die Schnittstellenparameter einsetzen.

▶ Language steht für die verwendete Programmiersprache.

▶ Für <lang> können Sie den Wert **SQLSCRIPT** einsetzen, da wir hier mit SQLScript schreiben. Eine Datenbankprozedur kann man auch in der Programmiersprache **R** entwickeln. Dann müsste dort **R** stehen.

▶ SQL Security steht für die Berechtigungsprüfung.

▶ Als <mode> erwartet das Programm die Angabe, für wen die Berechtigung geprüft werden soll: **DEFINER** wäre der Anleger der Prozedur und **INVOKER** der Aufrufer der Prozedur. In der Praxis wird normalerweise **INVOKER** verwendet.

▶ Als Default Schema können Sie ein Datenbankschema angeben, sodass Sie dieses nicht mehr in der Selektion für die Datenbanktabellen angeben müssen.

▶ READS SQL DATA geben Sie an, wenn Sie eine Datenbankprozedur als Read Only Procedure anlegen möchten. Somit hat die Datenbankprozedur nur lesenden Zugriff auf die Daten. Dabei können Sie über WITH RESULT VIEW für das Ergebnis auch einen View anlegen. Diesen können Sie dann direkt in einer anderen SELECT-Anweisung verwenden und so das Ergebnis der Datenbankprozedur-Selektion nutzen. Wir werden in Abschnitt 2.5.2 benutzerdefinierte Funktionen kennenlernen, die Sie ebenfalls in SELECT-Anweisungen einbinden können.

▶ Zwischen Begin und End kommt die Verarbeitungslogik mit der Selektion. Dabei können Sie über Sequential execution eine parallele Ausführung der Datenbankprozedur verhindern. Sie ist dann nur sequenziell ausführbar.

In Listing 2.16 wird die Datenbankprozedur **ProcWithResultView** als Beispiel angelegt.

```
CREATE PROCEDURE ProcWithResultView(
     IN iv_luggweight DECIMAL(8,4),
     OUT es_sbook SAPDEA.SBOOK)
LANGUAGE SQLSCRIPT
READS SQL DATA WITH RESULT VIEW ProcView AS
BEGIN
   es_sbook = SELECT *
                  FROM SAPDEA.SBOOK
                  WHERE mandt = '100'
                  AND luggweight = :iv_luggweight;
END;
```

Listing 2.16: Beispiel-Anlage einer Datenbankprozedur

Sie besitzt den Eingabeparameter IV_LUGGWEIGHT mit Datentyp DECIMAL (Länge 8 mit vier Kommastellen) und den Ausgabeparameter ES_SBOOK mit Datentyp SBOOK des Systemschemas SAPDEA. Der daraus resultierende View »ProcView« kann somit in anderen Selektionen verwendet werden, um die in der Datenbankprozedur durchgeführte Selektion zu nutzen.

```
CREATE PROCEDURE flights(
     IN iv_mandt NVARCHAR(3),
     IN iv_carrid NVARCHAR(3),
     OUT et_flights RDEPPE.TT_FLIGHTS ) AS
BEGIN
   lt_sbook = SELECT carrid, connid, customid
                  FROM sapdea.sbook
                  WHERE mandt  = :iv_mandt
                    AND carrid = :iv_carrid;

   et_flights = SELECT carrid, connid
                  FROM :lt_sbook
                  WHERE carrid = 'LH';
END;
```

Listing 2.17: Selektion mit Eingabe- und Ausgabeparametern

In Listing 2.17 gibt es die Eingabeparameter IV_MANDT und IV_CARRID sowie den Ausgabeparameter ET_FLIGHTS. Ich habe für ET_FLIGHTS den Tabellentyp TT_FLIGHTS im Datenbankschema RDEPPE angenommen. Über eine Selektion wird zunächst der Inhalt einer neuen Tabellenvariablen LT_SBOOK ermittelt. Die zu lesenden Variablen IV_MANDT und IV_CARRID werden dabei mit einem Doppelpunkt am Beginn des Wortes ergänzt. Aus LT_SBOOK wird dann der Inhalt der Tabelle ET_FLIGHTS selektiert.

Wir sehen hier, dass der Inhalt sowohl aus Datenbanktabellen als auch aus Tabellenvariablen mithilfe einer SELECT-Anweisung gelesen wird.

Arbeiten mit skalaren Variablen in Datenbankprozeduren

Einzelne Variablen (sogenannte *skalare Variablen*) werden in Datenbankprozeduren nicht mit DATA, sondern mit DECLARE angelegt. Die Wertübertragung von einer Variablen auf eine andere erfolgt nicht mit »=«, sondern mit »:=«. Beim Auslesen von Variablen wird der Variablenname mit dem Präfix »:« ergänzt, die zu füllenden Variablen werden aber nur mit ihrem Variablennamen bezeichnet. Ein Beispiel dafür sehen Sie in Listing 2.18.

```
CREATE PROCEDURE flights_1(
    IN iv_mandt NVARCHAR(3),
    IN iv_carrid NVARCHAR(3),
    OUT et_flights RDEPPE.TT_FLIGHTS ) AS
BEGIN
  DECLARE lv_lines_sbook INTEGER;
  DECLARE lv_lines_flights INTEGER;
  DECLARE lv_lines_total INTEGER;
  DECLARE lv_count INTEGER;

  lt_sbook = SELECT carrid, connid, customid
                    FROM sapdea.sbook
                    WHERE mandt  = :iv_mandt
                      AND carrid = :iv_carrid;
  SELECT count(*)
```

```
        INTO lv_lines_sbook
        FROM :lt_sbook;

et_flights = SELECT carrid, connid
                FROM :lt_sbook
                WHERE carrid = 'LH';
    SELECT count(*)
        INTO lv_lines_flights
        FROM :et_flights;

    lv_lines_total := :lv_lines_sbook + :lv_lines_flights;

    IF :lv_lines_total > 10
    THEN lv_lines_total := 4;
    ELSEIF :lv_LInes_total > 5
    THEN lv_lines_total := 3;
    ELSE lv_lines_total := 2;
    END IF;
END;
```

Listing 2.18: Arbeiten mit Variablen in Datenbankprozeduren

Hier werden die jeweilige Anzahl von Tabellenzeilen der internen Tabellen LT_SBOOK und ET_FLIGHTS ermittelt und anschließend addiert. Mithilfe einer IF-Anweisung wird daraufhin der Inhalt von LV_LINES_TOTAL verändert.

Wenn Sie sich innerhalb einer WHILE … DO … END WHILE-Schleife befinden, können Sie diese mithilfe einer BREAK-Anweisung verlassen.

Selektion nach skalaren Variablen und Tabellen bei SAPscript

```
CREATE PROCEDURE flight_price(
        IN iv_mandt NVARCHAR(3),
        IN iv_carrid NVARCHAR(3),
        IN iv_connid NVARCHAR(4),
        OUT ev_price DECIMAL(15,2) )
```

79

```
LANGUAGE SQLSCRIPT
READS SQL DATA AS
BEGIN
  SELECT price
         INTO ev_price
         FROM sapdea.sflight
         WHERE mandt  = :iv_mandt
           AND carrid = :iv_carrid
           AND connid = :iv_connid
           AND fldate = '19950228';

  lt_sbook = SELECT carrid, connid, customid
                    FROM sapdea.sbook
                    WHERE mandt  = :iv_mandt
                      AND carrid = :iv_carrid;
END;
```

Listing 2.19: Selektion nach skalaren Variablen und Tabellen

In Listing 2.19 sehen Sie den Unterschied zwischen der Selektion nach skalaren Variablen und nach Tabellen. Bei Ersterer gibt es einen INTO-Zusatz, bei der Selektion nach Tabellen findet die Zuweisung mittels »=« statt.

Anlage von Datenbankprozeduren mithilfe eines Wizards

Alternativ zu der soeben gezeigten Anlage von Datenbankprozeduren durch Nutzung von SQLScript können Sie eine Datenbankprozedur auch über einen *Wizard* anlegen.

Bevor Sie damit beginnen, benötigen Sie zunächst ein XS-Projekt und einen Repository Workspace.

1. Wählen Sie die Perspektive SAP HANA DEVELOPMENT mit der Ansicht PROJECT EXPLORER.

2. Wählen Sie im Menü FILE • NEW • XS PROJECT.

3. Es erscheint ein Pop-up, wie Sie es in Abbildung 2.1 sehen. Geben Sie einen Namen in das Feld PROJECT NAME ein, und drücken Sie den Button NEXT.

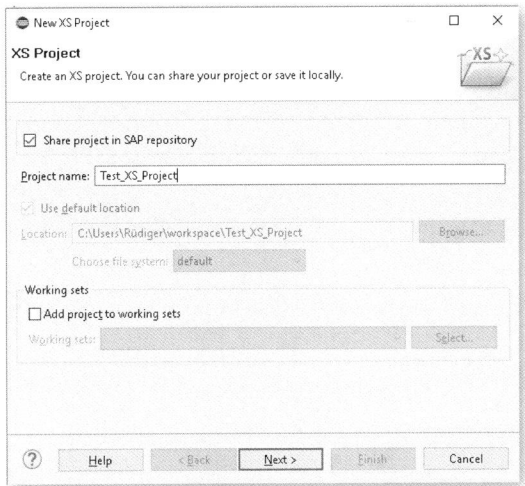

Abbildung 2.1: Anlegen eines XS-Projektes

4. Es erscheint ein Fenster gemäß Abbildung 2.2. Drücken Sie auf den Button ADD WORKSPACE.

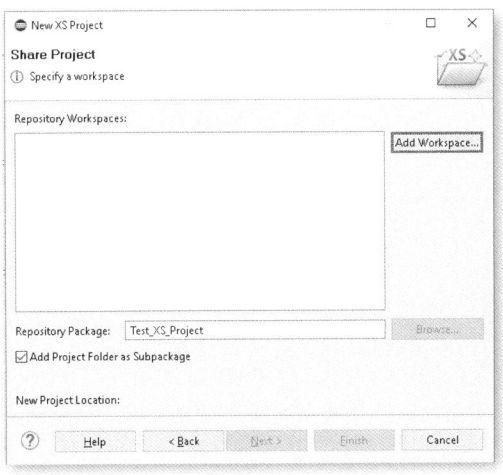

Abbildung 2.2: Hinzufügen eines Workspaces

5. In dem sich öffnenden Pop-up (Abbildung 2.3) wählen Sie über ADD SYSTEM ein SAP HANA SYSTEM aus und aktivieren die Checkbox USE DEFAULT WORKSPACE. Drücken Sie danach den Button FINISH.

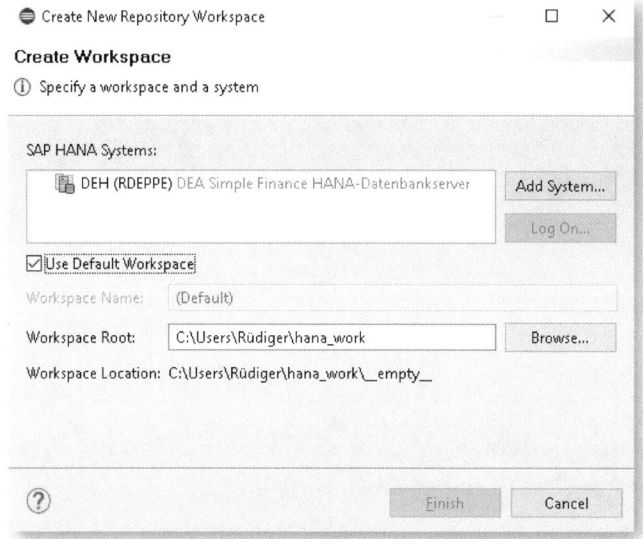

Abbildung 2.3: Anlegen eines Repository Workspaces

6. Sie kommen jetzt zurück zum Screen XS PROJECT. Markieren Sie den eben hinzugefügten Workspace, und achten Sie darauf, dass ADD PROJECT FOLDER AS SUBPACKAGE aktiviert ist.

7. Drücken Sie den Button NEXT.

8. Es öffnet sich das in Abbildung 2.4 gezeigte Fenster.

9. Deaktivieren Sie die Felder XS APPLICATION ACCESS und XS APPLICATION DESCRIPTOR.

10. Drücken Sie den Button FINISH.

Jetzt haben Sie das XS-Projekt mit zugehörigem Repository Workspace angelegt und finden es im Projekt-Explorer.

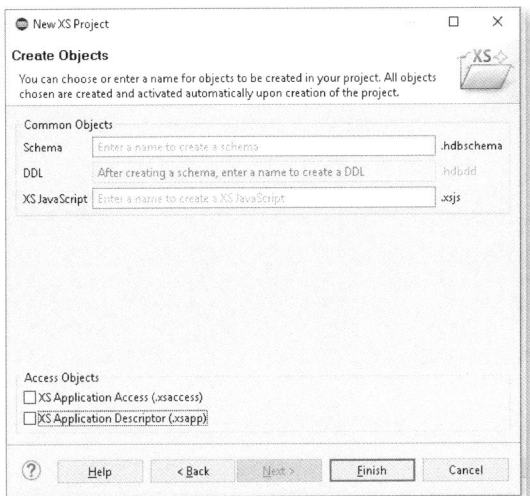

Abbildung 2.4: Beenden der Anlage des XS-Projektes

Als Nächstes legen Sie die Datenbankprozedur an.

1. Wählen Sie das Menü FILE • NEW • OTHER. Sie kommen auf ein Pop-up gemäß Abbildung 2.5.

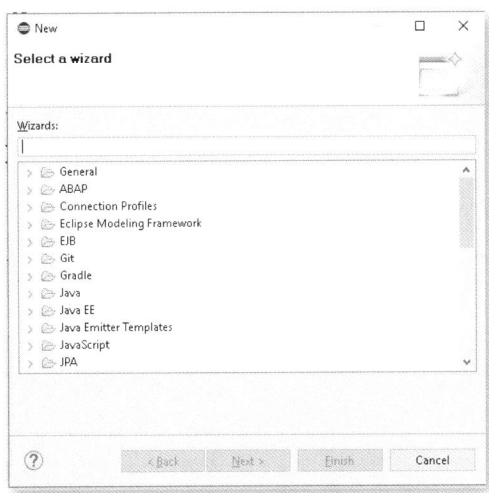

Abbildung 2.5: Wizard-Auswahl

2. Geben Sie in das Feld WIZARD den Text **Stored Procedure** ein. Drücken Sie den Button NEXT.

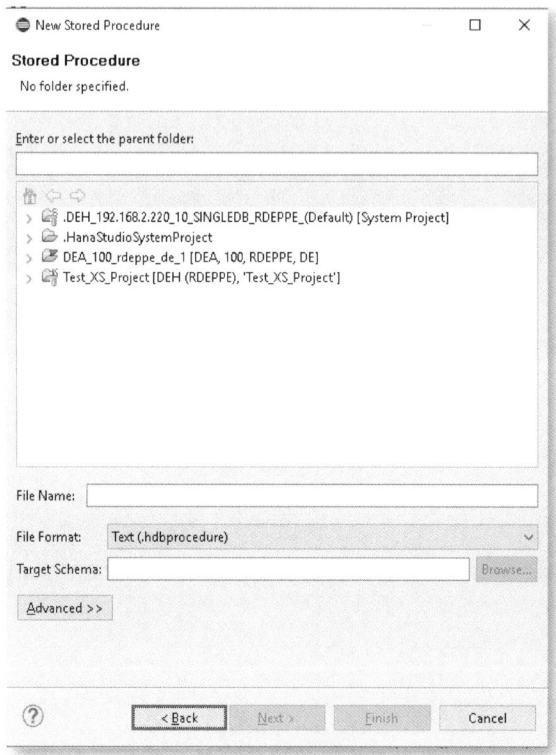

Abbildung 2.6: Anlage der Datenbankprozedur

3. Im darauffolgenden Fenster wählen Sie das eben angelegte XS-Projekt aus. Geben Sie in FILE NAME den Namen der anzulegenden Datenbankprozedur ein (z. B. **Determine_Flights**). Schreiben Sie in das Feld TARGET SCHEMA das Datenbankschema, in welchem Sie die Datenbankprozedur anlegen wollen (z. B. **_SYS_BIC**). Sie können das Datenbankschema auch suchen, indem Sie auf den Button BROWSE klicken.

4. Wählen Sie ein FILE FORMAT. Sie haben **Text** und **XML** zur Auswahl. Im Normalfall sollten Sie **Text** auswählen, weil XML nicht mehr verwendet werden soll. Wenn Sie die Datenbankprozedur

im Rahmen von Database Procedure Proxies (Inhalt von Abschnitt 2.7.2) verwenden wollen, müssen Sie allerdings **XML** wählen, weil TEXT dort nicht unterstützt wird. Wir wählen hier **Text**.

5. Drücken Sie den Button FINISH.

6. Jetzt gelangen Sie in den Editor der Datenbankprozedur, wie in
    Listing 2.20 zu sehen.

```
PROCEDURE "_SYS_BIC"."Test_XS_Project::Determine_flights" ( )
LANGUAGE SQLSCRIPT
SQL SECURITY INVOKER
--DEFAULT SCHEMA <default_schema_name>
READS SQL DATA AS
BEGIN
/*****************************
Write your procedure logic
*****************************/
END;
```

Listing 2.20: Editor der Datenbankprozedur

In diesem können Sie die Anweisung für die Datenbankprozedur
schreiben. Zwischen die beiden Klammern ( ) setzen Sie die Schnittstellenparameter und zwischen BEGIN und END die Anweisungen ein.

Verwenden Sie z. B. folgendes Listing 2.21:

```
PROCEDURE "_SYS_BIC"."Test_XS_Project::Determine_flights"
( IN iv_mandt NVARCHAR(3),
  IN iv_carrid NVARCHAR(3),
  OUT et_flights TABLE ( carrid NVARCHAR(3),
                         connid NVARCHAR(4)
                       )
)
  LANGUAGE SQLSCRIPT
  SQL SECURITY INVOKER
  DEFAULT SCHEMA "SAPDEA"
  READS SQL DATA AS
```

85

```
BEGIN
  DECLARE lv_lines_sbook INTEGER;
  DECLARE lv_lines_flights INTEGER;
  DECLARE lv_lines_total INTEGER;

  lt_sbook = SELECT carrid, connid, customid
                    FROM sapdea.sbook
                    WHERE mandt  = :iv_mandt
                      AND carrid = :iv_carrid;
  SELECT count(*)
         INTO lv_lines_sbook
         FROM :lt_sbook;

  et_flights = SELECT carrid, connid
                      FROM :lt_sbook
                      WHERE carrid = 'LH';
  SELECT count(*)
         INTO lv_lines_flights
         FROM :et_flights;

  lv_lines_total := :lv_lines_sbook + :lv_lines_flights;

  IF :lv_lines_total > 10
  THEN lv_lines_total := 4;
  ELSEIF :lv_LInes_total > 5
  THEN lv_lines_total := 3;
  ELSE lv_lines_total := 2;
  END IF;
END;
```

Listing 2.21: Datenbankprozedur

2.5.2 Benutzerdefinierte Funktionen (gebräuchlich bis Release 7.4 SP4)

Benutzerdefinierte Funktionen (User-defined Functions, UDF) sehen ähnlich aus wie Datenbankprozeduren und werden ebenfalls mit

SQLScript implementiert. Allerdings können Sie, anders als Daten-
bankprozeduren, in SELECT-Anweisungen eingebunden werden.
Angelegt werden sie mit Create Function und gelöscht mit Drop
Function.

```
CREATE FUNCTION determine_customer(
    IV_MANDT NVARCHAR(3),
    IV_CARRID NVARCHAR(3))
    RETURNS TABLE(
    CARRID NVARCHAR(3),
    CITYFROM NVARCHAR(20),
    CITYTO NVARCHAR(20),
    CUSTOMID NVARCHAR(8))
    LANGUAGE Sqlscript SQL SECURITY INVOKER AS
BEGIN
    RETURN SELECT a.carrid, a.cityfrom, a.cityto,
                  b.customid
           FROM sapdea.spfli AS a
               INNER JOIN sapdea.sbook AS b
           ON a.mandt = b.mandt
           AND a.carrid = b.carrid
           AND a.connid = b.connid
           WHERE a.mandt  = :iv_mandt
               AND a.carrid = :iv_carrid;
END;


SELECT c.carrid, c.cityfrom, c.cityto, c.customid, d.price
       FROM determine_customer('100', 'LH') AS c
           INNER JOIN sflight AS d
       ON  c.mandt = d.mandt
       AND c.carrid = d.carrid
       WHERE d.mandt = '100';
```

Listing 2.22: Selektion mit integrierter benutzerdefinierter Funktion

In Listing 2.22 wird zunächst eine benutzerdefinierte Funktion angelegt. Sie besitzt zwei Variablen als Importparameter und eine Tabelle
als Returningparameter. Das Ergebnis der in dieser Funktion stattfin-
denden Selektion wird mithilfe der Anweisung Return an die Rückga-

betabelle übergeben. Anschließend wird die benutzerdefinierte Funktion innerhalb einer anderen Selektion verwendet.

2.6 Analytische Views (gebräuchlich bis Release 7.4 SP4)

Sie kennen sicherlich alle die Views aus dem Data Dictionary, die Ihnen eine spezielle Sicht auf eine oder mehrere Datenbanken gleichzeitig erlauben. Geschaffen wurden sie, um die Performance bei Selektionssichten auf Datenbanktabellen zu optimieren.

SAP HANA hat dieses Prinzip der Views noch verfeinert und erweitert. SAP HANA kennt drei Typen von analytischen Views:

▶ *Attribute View* für Sichten auf Stammdaten,

▶ *Analytic View* für Sichten auf Bewegungsdaten,

▶ *Calculation View* für eine Kombination aus mehreren Views und Operationen.

Das Novum an diesen Views besteht darin, dass hier bereits während der Selektion aus der Datenbank Analysen und Berechnungen durchgeführt werden können.

Ablösung der analytischen Views

Die HANA-analytischen Views werden nur bis Release 7.4 SP4 verwendet. Danach wurden die ABAP-CDS-Views (vgl. Abschnitt 1.1) erfunden.

2.6.1 Attribute View

Ein Attribute View ist die Sicht auf einzelne Felder von einer oder mehreren zusammengehörigen Stammdatentabellen. Er kann zudem einfache, berechnete Spalten aufnehmen. Verwendet wird ein Attribute View v. a. als Dimension in Analytic Views oder als Knoten in Calculation Views.

Im Zusammenhang mit dem Attribute View gibt es folgende Begriffe:

▶ *Attribute* sind entweder Felder aus zu selektierenden Datenbanktabellen oder berechnete Felder.

▶ *Schlüsselfelder* bezeichnen die eindeutige Kennung eines Datensatzes.

▶ *Filter* grenzen die zu selektierenden Werte einer Spalte ein.

▶ *Hierarchien* bilden die Zusammenhänge zwischen einzelnen Attributen wie z. B. eine Vater-Kind-Beziehung ab.

Neben den bekannten Join-Typen Inner Join, Left Outer Join und Right Outer Join gibt es noch einen Referential Join und einen Text Join.

▶ Ein *Referential Join* ist eine besondere Art des Inner Joins. Bei einem normalen Inner Join wird immer überprüft, ob in beiden Datenbanktabellen ein Eintrag vorhanden ist. Bei einem Referential Join findet eine solche Prüfung nicht statt, wenn kein Feld aus der rechten Tabelle gefordert ist. Dies verbessert die Performance und wird bei einem Attribute View häufig verwendet.

▶ Ein *Text Join* ist eine besondere Art, sprachabhängige Texte aus einer Texttabelle zu selektieren. Zur Laufzeit wird der Text mit der richtigen Sprache aus der Texttabelle gelesen.

Die Views werden in der Perspektive SAP HANA MODELER des SAP HANA Studios angelegt.

Anlage eines Attribute Views

Im Folgenden werden wir einen Attribute View anlegen.

1. Wechseln Sie in die Perspektive SAP HANA MODELER. Wenn Sie die Perspektive noch nicht geöffnet haben, rufen Sie sie auf über den Pfad WINDOW • PERSPECTIVE • OPEN PERSPECTIVE • SAP

HANA MODELER bzw. WINDOW • PERSPECTIVE • OPEN PERSPECTIVE • OTHER.

2. Suchen Sie im Ordner CONTENT nach dem Paket, in dem Sie den Attribute View anlegen wollen (z. B. das Paket TEST). Mit Klick mittels rechter Maustaste auf das Paket wählen Sie im Kontextmenü NEW • ATTRIBUTE VIEW.

3. Geben Sie in das sich öffnende Pop-up (Abbildung 2.7) als NAMEN für den Attribute View **AT_FLIGHT** ein und als LABEL (Bezeichnung) **Flug**. Als SUBTYPE stehen Unterformen von Attribute Views wie Standard, Time und Derived zur Verfügung. *Time* steht für Zeitviews und *Derived* für von anderen Attribut Views abgeleitete Sichten. Wir verwenden den **Standard**-View. Sie haben auch die Möglichkeit, über die Aktivierung von COPY FROM einen bereits existierenden Attribut View zu kopieren. Das interessiert uns hier aber nicht.

4. Drücken Sie den Button FINISH.

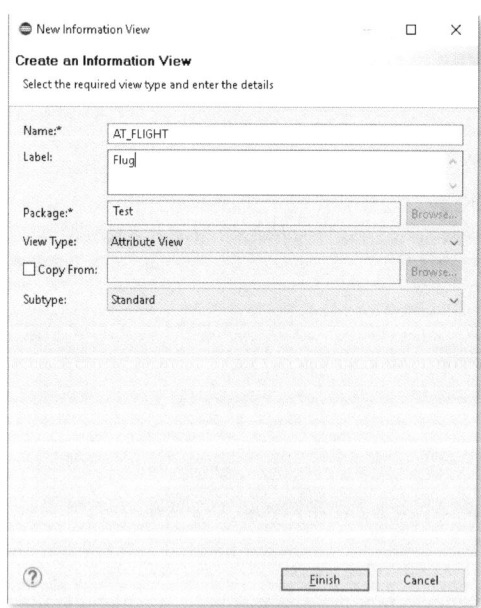

Abbildung 2.7: Anlage eines Attribut Views

5. Jetzt sehen Sie im SAP HANA Modeler den View-Editor (siehe Abbildung 2.8).

Abbildung 2.8: Editor des Attribute Views

Im linken Bereich SCENARIO erkennen Sie die beiden Editor-Bereiche SEMANTICS und DATA FOUNDATION.

In der DATA FOUNDATION benennen Sie die Tabellen, aus denen selektiert werden soll, definieren die Joins und fügen zusätzliche Attribute hinzu.

In den SEMANTICS beschreiben Sie die Eigenschaften des Attribute Views. Hier benennen Sie die Schlüsselfelder des Views (jeder View muss mindestens ein Schlüsselfeld besitzen), legen die Bezeichnungen für die Attribute des Views fest oder können Attribute als nicht sichtbar deklarieren, was v. a. bei berechneten Attributen von Bedeutung sein kann. Zudem können Sie die Behandlung des Mandantenfeldes (ob als statischer Wert oder dynamisch) festlegen und Hierarchien benennen.

6. Gehen Sie mit dem Mauszeiger auf den Namen DATA FOUNDATION.

7. Jetzt sehen Sie neben dem Namen ein grünes Kreuz. Klicken Sie darauf.

8. Sie sehen jetzt ein neues Pop-up (Abbildung 2.9). Sobald Sie den Namen **SPFLI** eingeben, werden Ihnen in den MATCHING ITEMS einige Auswahlmöglichkeiten angezeigt. Wählen Sie **SPFLI** des Systemschemas und drücken Sie den Button OK.

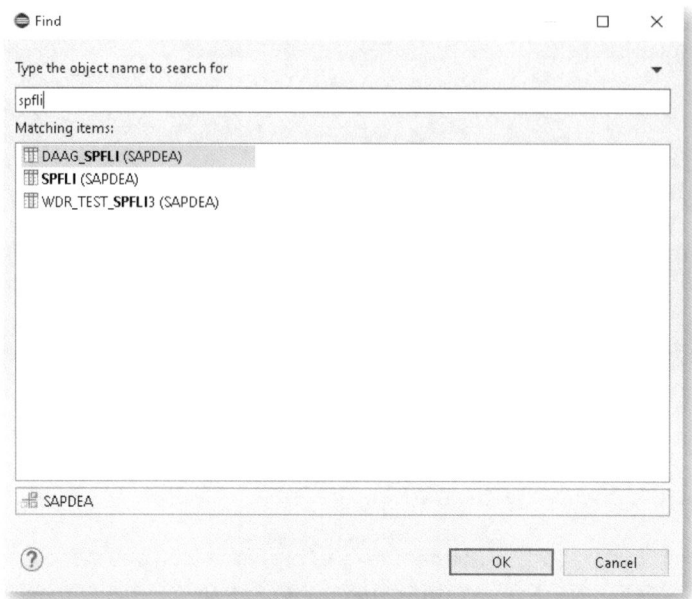

Abbildung 2.9: Eingabe DB-Tabelle für Data Foundation

Wenn Sie nur eine DB-Tabelle lesen wollen, wäre der Vorgang jetzt schon abgeschlossen. Wir möchten aber zwei Datenbanktabellen lesen.

9. Drücken Sie daher erneut auf das grüne Kreuz und wählen die Tabelle **SFLIGHT**.

10. Im Fenster DETAILS (siehe Abbildung 2.8) sehen Sie jetzt die Felder beider Tabellen. Ziehen Sie mit der Maus eine Verbindungslinie zwischen den Feldern, die die Join-Verbindung darstellen: In diesem Fall sind es jeweils die Felder MANDT, CARRID und CONNID.

11. Um die Eigenschaften des Joins zu definieren, z. B. Jointyp oder Kardinalität, können Sie den Join markieren und darauf doppelklicken. Als Standard-Jointyp ist »Referential Join« definiert, was der gebräuchlichste ist. Als Kardinalität wählen Sie in diesem Fall **1:n**.

12. Benennen Sie die auszugebenden Felder der Datenbanktabellen, indem Sie auf den runden Punkt neben den Feldnamen in den Tabellen klicken. Die Namen der Felder sehen Sie dann im Fenster OUTPUT. Markieren Sie in der Tabelle SPFLI die Namen MANDT, CARRID, CONNID, CITYFROM, CITYTO und in der Tabelle SFLIGHT die Felder FLDATE, SEATSMAX und SEATSOCC.

13. Sie können auch Filterwerte angeben. Markieren Sie einen Feldnamen, und wählen Sie im Kontextmenü APPLY FILTER aus. Sie sehen ein Pop-up wie in Abbildung 2.10.

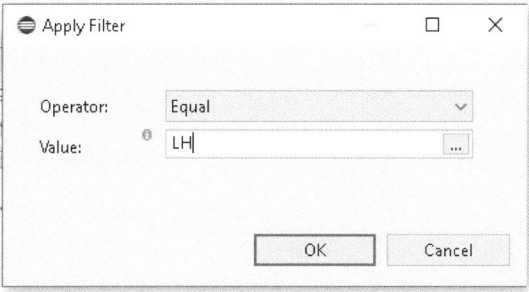

Abbildung 2.10: Filter auf Attribut eines Attribute Views

Jetzt wollen wir zur Übung ein berechnetes Attribut hinzufügen: Wir wollen aus den Flügen, die wir im View selektieren, die Differenz aus der Anzahl der belegten Sitzplätze und der maximalen Sitzplatzkapazität berechnen.

14. Berechnete Felder werden im Ordner CALCULATED COLUMNS im Fenster OUTPUT definiert. Markieren Sie den Ordner CALCULATED COLUMNS, und wählen Sie im Kontextmenü NEW.

15. In das sich öffnende Fenster (Abbildung 2.11) geben Sie als Namen **SEATSDIFF** und als Beschreibung (LABEL) **nicht besetzte Plätze** ein.

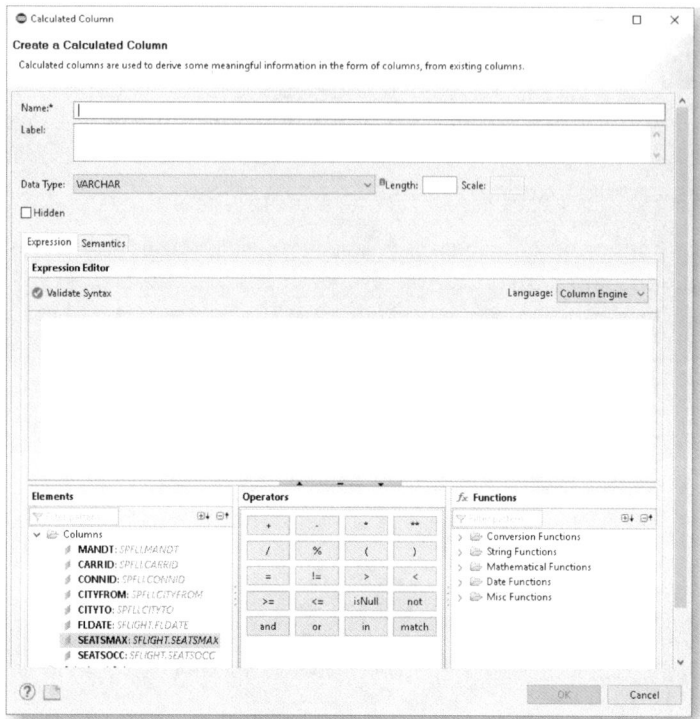

Abbildung 2.11: Berechnetes Feld

16. Wählen Sie als Datentyp **VARCHAR** mit der Länge **10**.

17. Klicken Sie doppelt auf SEATSMAX im Bereich ELEMENTS. Wählen Sie danach - (Minus) als Operator. Dann klicken Sie doppelt auf SEATSOCC im Bereich ELEMENTS.

Feldbezeichnungen in Anführungszeichen

Sie sehen nach den zuvor vollzogenen Schritten am angepassten Screen (vgl. Abbildung 2.11), dass die Feldbezeichnungen immer in Anführungszeichen stehen müssen.

18. Drücken Sie den Button OK.

Abbildung 2.12 zeigt den Attribute View als Ergebnis dieser Berechnung.

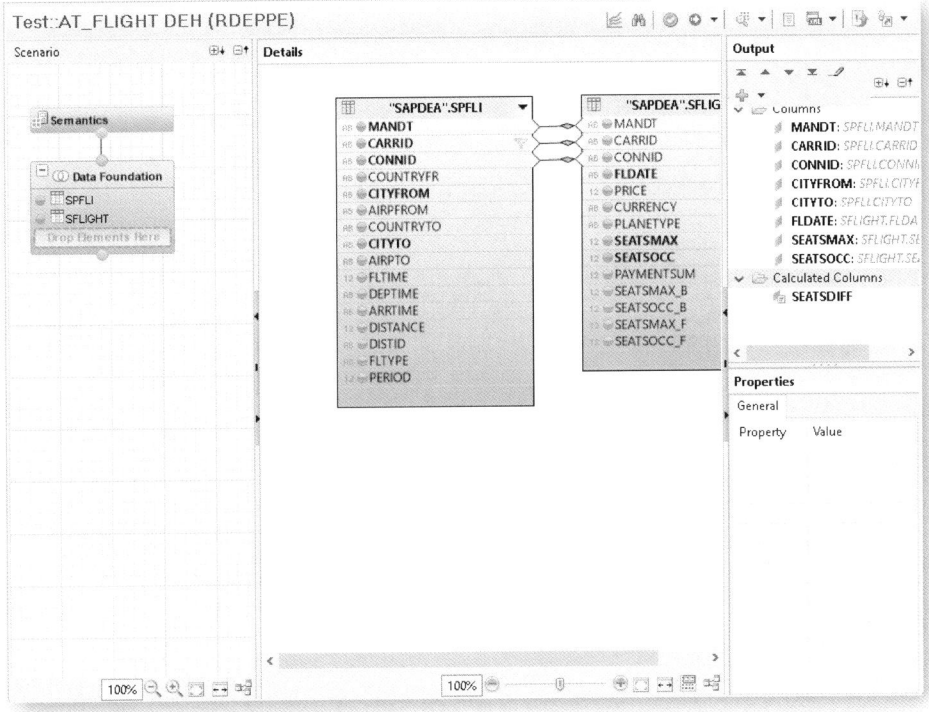

Abbildung 2.12: Ergebnis Attribute View

19. Drücken Sie abschließend auf den Button ◐, um den Attribute View zu aktivieren.

Hierarchien

Es gibt die Möglichkeit, folgende Hierarchien zwischen Attributen anzulegen:

▶ Vater-Kind-Beziehung (parent-child),

▶ gelevelte Hierarchie (level hierarchy).

Eine *Vater-Kind-Beziehung* ist dadurch erkennbar, dass der Vater zum einen im Datensatz des Kindes in einem Feldnamen definiert ist, zum anderen einen eigenen Datensatz in derselben Datenbanktabelle hat (z. B. Schraubenzieher und Eisen in Variantentabelle).

Bei einer *gelevelten Hierarchie* erscheinen die Daten der Hierarchiestruktur i. d. R. innerhalb eines Datensatzes (z. B. die Kombination Land, Stadt, Flughafen). Es handelt sich aber hierbei nicht um eine Vater-Kind-Beziehung, weil es sonst auch einen Datensatz mit dem Wert der Stadt für das Land geben würde. Im Datensatz des Landes ist die Stadt nicht enthalten.

Hierarchien werden im Bereich der SEMANTICS definiert (Reiter HIERAR-CHIES).

Zeitattribute

In vielen Datenbanktabellen spielen Zeitdaten eine große Rolle, so z. B. als FLDATE in der Tabelle SFLIGHT. Diese Zeitdaten werden i. d. R. dafür verwendet, Datensätze in Zeitintervallen (Jahr, Quartal, Monat, Woche) auszuwerten.

Hierfür bietet SAP HANA einen speziellen Attribute-View-Typ an. Um diesen Typ nutzen zu können, müssen die Zeitdaten einmalig generiert werden.

Sie finden im SAP HANA Modeler im Bereich QUICK VIEW den Link GENERATE TIME DATA, wie Sie in Abbildung 2.13 sehen.

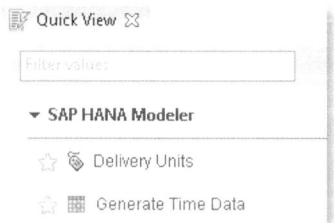

Abbildung 2.13: SAP HANA Modeler: Generate Time Data

1. Drücken Sie auf den Link GENERATE TIME DATA.

2. Selektieren Sie Ihr HANA-System.

3. Geben Sie im neuen Pop-up (Abbildung 2.14) in das Feld FROM YEAR **2000** ein und bei TO YEAR **2030**.

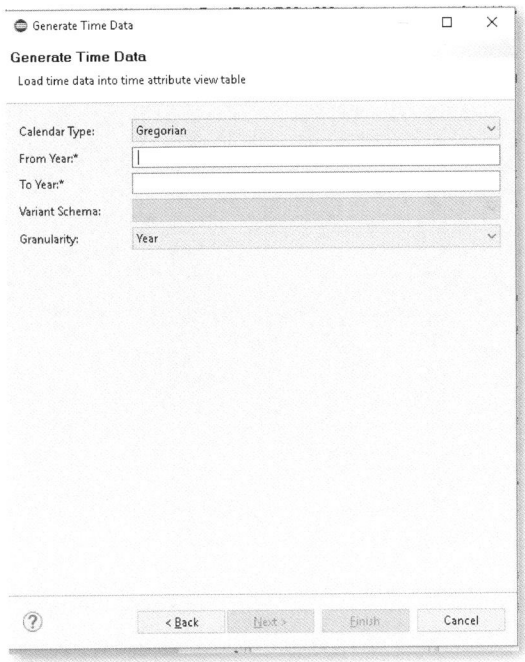

Abbildung 2.14: Kalenderdaten generieren

4. Drücken Sie den Button FINISH.

Um die Zeitdaten nutzen zu können, legen Sie einen neuen Attribut View mit dem SUBTYPE **Time** an, wie Sie in Abbildung 2.15 sehen können. Meist werden Sie GRANULARITY **Date** verwenden.

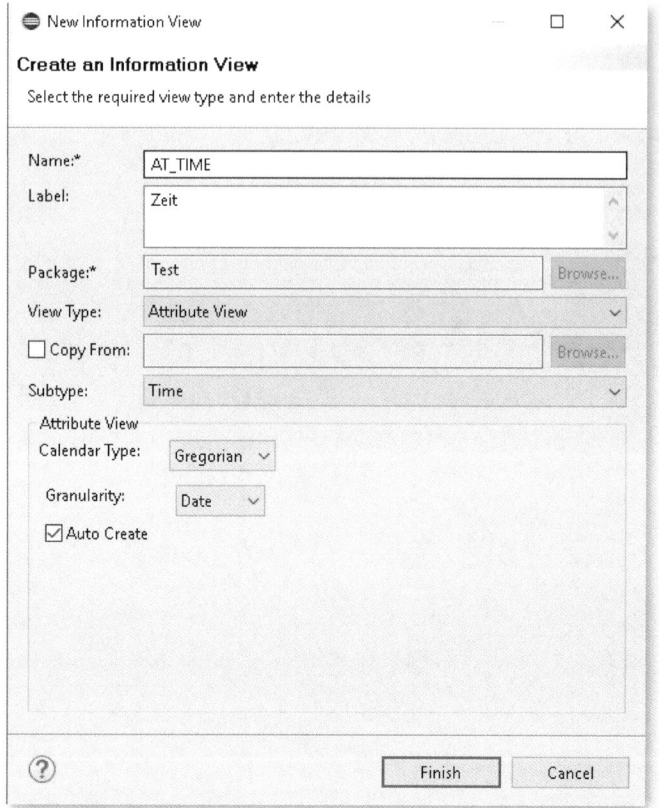

Abbildung 2.15: Attribute-View-Typ TIME

Im Datenbankschema _SYS_BI gibt es auch die Datenbanktabellen M_FISCAL_CALENDAR und M_TIME_DIMENSION zur Nutzung von Kalender- und Zeitdaten, die Sie direkt in Attribute Views einbinden können.

2.6.2 Analytic Views

Ein Analytic View ist eine Sicht auf einzelne Felder von einer oder mehreren zusammengehörigen Bewegungsdatentabellen, in denen die Berechnung und Analyse von Kennzahlen im Vordergrund steht.

Dabei finden auch Auswertungen von Stammdatentabellen mithilfe der Fremdschlüsselverbindungen (*Assoziationen*) statt.

Kennern von Data-Warehouse- und Business-Intelligence-Anwendungen ist die Zusammenfassung aus Stammdaten- und Bewegungsdatentabellen bereits unter dem Begriff *Sternschema* vertraut. Die Bewegungsdatentabellen bezeichnet man dabei als *Faktentabellen* und die darin enthaltenen berechenbaren Daten wie etwa Gepäckgewicht oder Rechnungsbetrag als *Kennzahlen* (englisch *Measures*). Die mit diesen Kennzahlen zusammenhängenden Stammdaten und Zeitdaten werden *Dimensionen*, deren Tabellen *Dimensionstabellen* genannt. Die Dimensionen bilden bei Auswertungen die Grundlage für die Datenberechnungen.

Beispiel für Datenberechnungen

 Eine Flugnummer, zusammengesetzt aus den Stammdaten (Dimensionen) CARRID und CONNID, stellt die Grundlage für diverse Auswertungen dar, z. B. für die Frage, wie viele Kunden diesen Flug genutzt haben. Die Kennzahl wäre dabei die Information »belegte Sitzplätze«. Diese Form der Auswertung bezeichnet man auch als *Datenscheibe* der Dimension.

Aus diesen Dimensionen lassen sich Hierarchien bilden. Ein Level der Hierarchie wäre beispielsweise die Auswertung nach CARRID und CONNID. Man kann in der Hierachie ein Level nach oben zu CARRID gehen und eine Auswertung pro Fluggesellschaft vornehmen. Diese »Analyse nach oben« nennt man *Drill-up*, eine Analyse nach unten (von Fluggesellschaft zu Flugnummer) *Drill-down*.

Anlage eines Analytic Views

Im Folgenden lernen Sie, wie Sie mithilfe eines Analytic Views die Gesamteinnahmen einer Fluggesellschaft berechnen.

1. Wechseln Sie in die Perspektive SAP HANA MODELER. Wenn Sie diese noch nicht geöffnet haben, rufen Sie sie auf über den Pfad WINDOW • PERSPECTIVE • OPEN PERSPECTIVE • SAP HANA MODELER bzw. WINDOW • PERSPECTIVE • OPEN PERSPECTIVE • OTHER.

2. Suchen Sie im Ordner CONTENT nach dem Paket, in welchem Sie den Attribute View anlegen wollen (z. B. das Paket TEST). Drücken Sie mit der rechten Maustaste auf das Paket, und wählen Sie im Kontextmenü NEW • ANALYTIC VIEW.

3. Sie gelangen auf ein Pop-up (siehe Abbildung 2.16), in das Sie als NAME **AN_AIRLINE** und als Beschreibung (LABEL) **Fluggesellschaft** eingeben. Drücken Sie den Button FINISH.

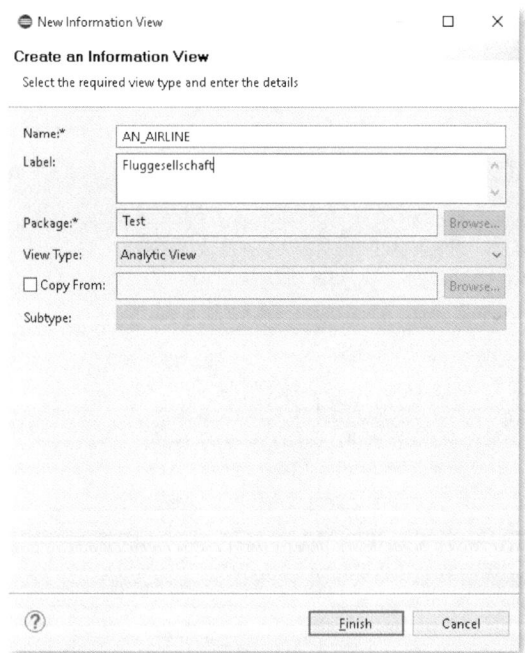

Abbildung 2.16: Anlage Analytic View

Sie befinden sich jetzt im Editor des Analytic Views (Abbildung 2.17).

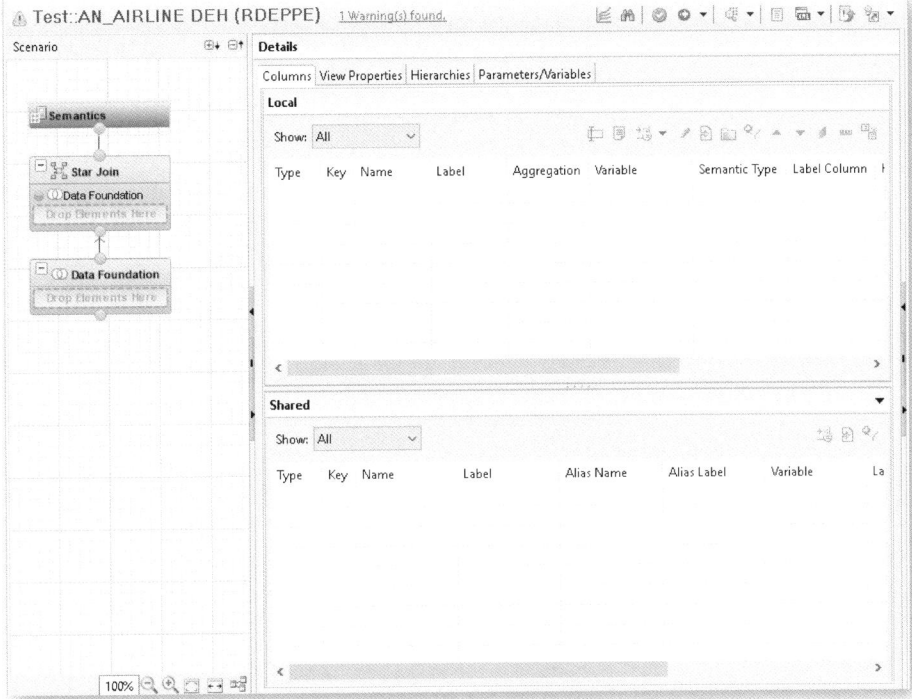

Abbildung 2.17: Editor des Analytic Views

Im linken Teil sehen Sie drei Bereiche:

▶ SEMANTICS für die Beschreibung der Attribute und die Definition von Eingabeparametern,

▶ STAR JOIN für die Verbindung zu Dimensionen von Attribute Views sowie das Hinzufügen berechneter Attribute und das Setzen von Filtern auf Kennzahlen (Definition von Einschränkungen bei der Selektion von Kennzahlen),

▶ DATA FOUNDATION für die Verwendung von Faktentabellen.

4. Zum Hinzufügen der Faktentabelle SFLIGHT gehen Sie mit der Maus auf DATA FOUNDATION. Dann sehen Sie rechts davon ein +-Zeichen und klicken darauf.

5. In dem sich öffnenden Pop-up (siehe Abbildung 2.18) geben Sie als einzufügende Tabelle **SFLIGHT** ein. Wählen Sie aus den MAT-CHING ITEMS SFLIGHT des Systemschemas, und bestätigen Sie mit dem Button OK.

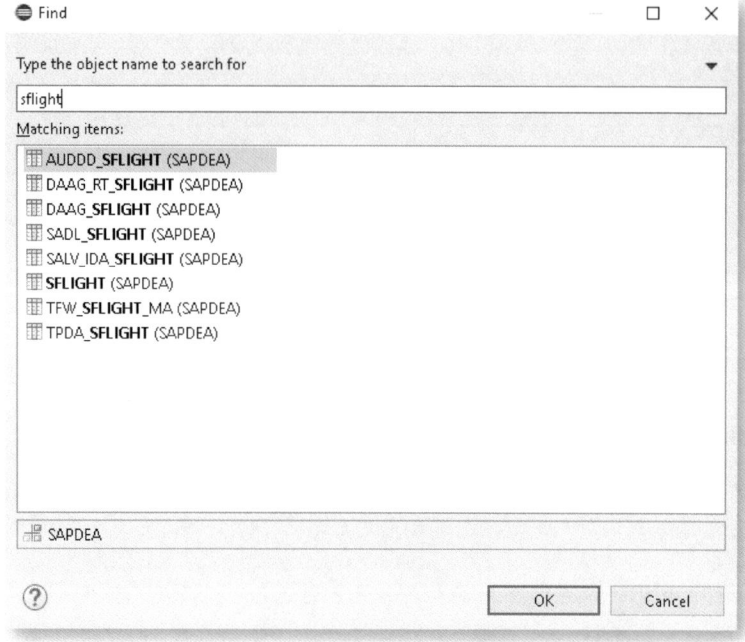

Abbildung 2.18: Auswahl Faktentabelle für Analytic View

6. Im Bereich DETAILS markieren Sie die Felder MANDT, CARRID, CONNID, PRICE und CURRENCY.

7. Zur Ermittlung der belegten Sitzplätze verwenden wir den Attribute View AT_FLIGHT, den wir in Abschnitt 2.6.1 angelegt haben. Gehen Sie dazu mit der Maus auf den Bereich STAR JOIN und klicken Sie auf das erscheinende Plus.

8. Geben Sie im Folge-Pop-up den Namen **AT_FLIGHT** ein, und drücken Sie den Button OK.

Ihr Editor des Analytic Views sollte jetzt wie in Abbildung 2.19 aussehen.

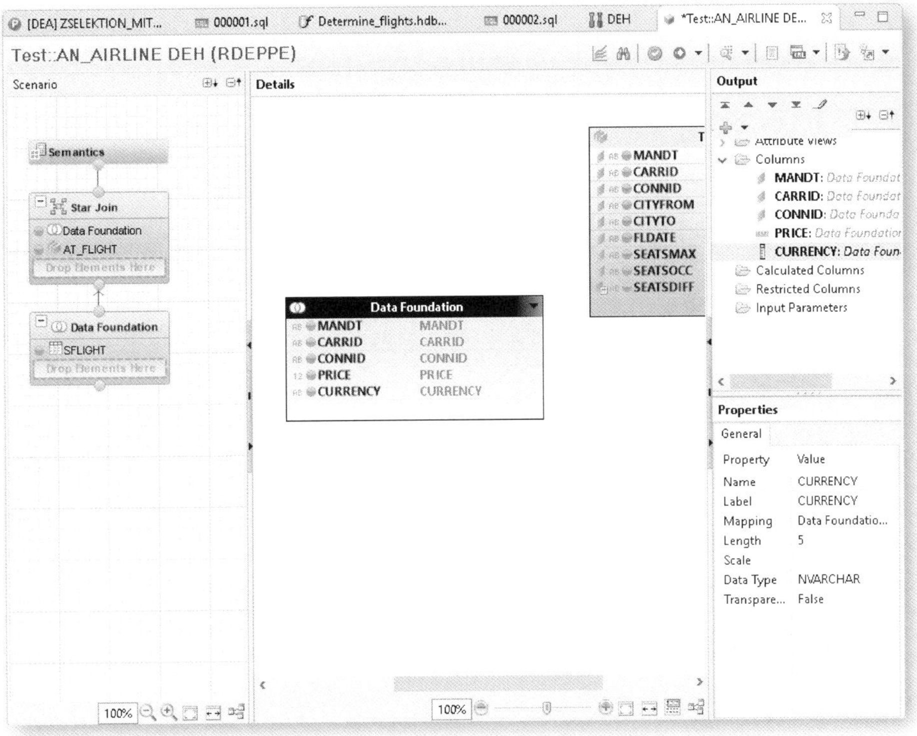

Abbildung 2.19: Editor des Analytic Views nach Hinzufügen des Attribute Views

9. Sie sehen im Eclipse die ausgewählten Felder der DATA FOUNDA-TION in roter Farbe und die Ausgabeparameter des ausgewählten Attribute Views in blauer Farbe. Verbinden Sie die zusammengehörigen Felder MANDT, CARRID und CONNID zwischen diesen beiden Darstellungen mit einer Verbindungslinie, indem Sie mit gedrückter linker Maustaste die Maus zwischen diesen Feldern von innen nach außen ziehen.

Das Ergebnis sehen Sie in Abbildung 2.20.

103

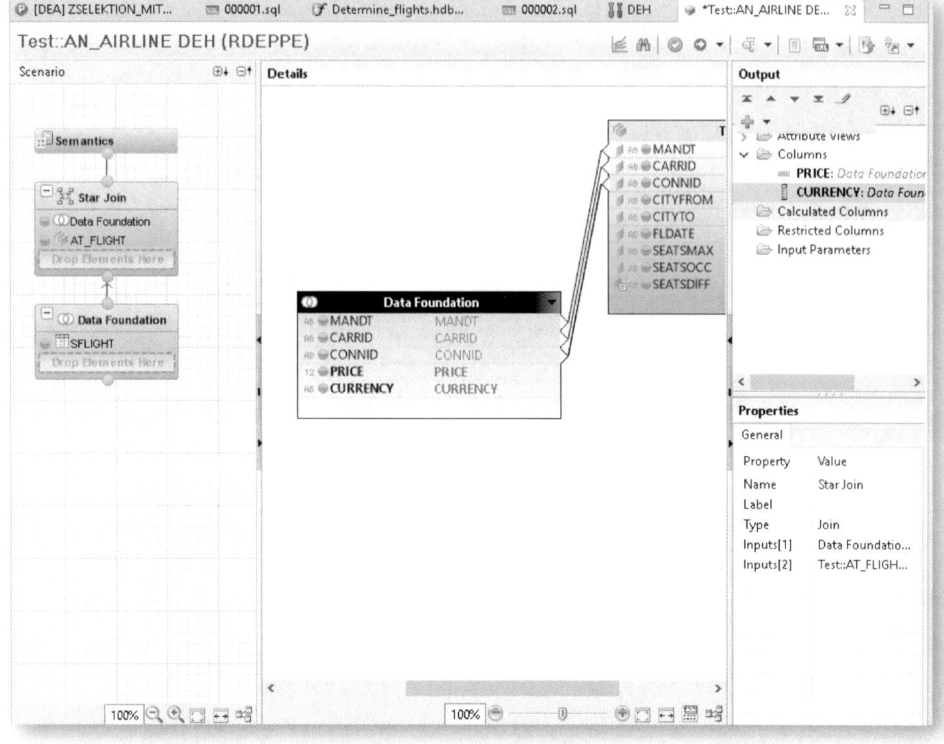

Abbildung 2.20: Schlüsselverbindungen des Analytic Views

10. Doppelklicken Sie jetzt auf den Bereich SEMANTICS.

Sie sehen im Bereich LOCAL, dass die Kennzahlen der Data Foundation (in diesem Fall **PRICE**) zu einer Summe aggregiert werden (Abbildung 2.21).

11. Drücken Sie auf den Button ⊙, um den Analytic View zu aktivieren.

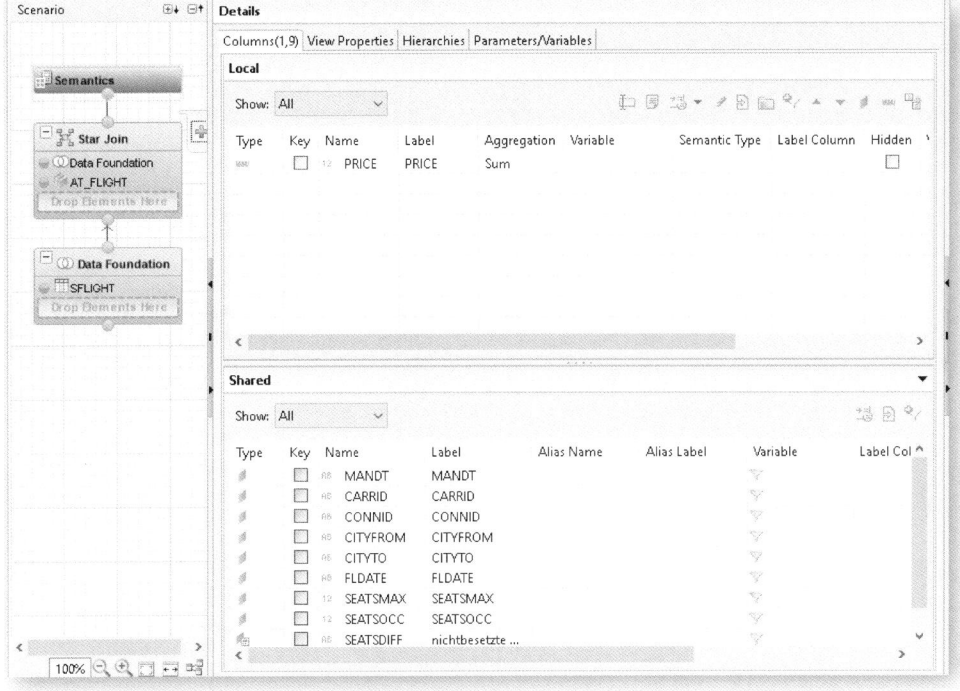

Abbildung 2.21: Semantics vom Analytic View

Berechnete Kennzahlen

Zusätzliche berechnete Werte (Calculated Columns) können Sie nicht nur für einen Attribute View, sondern auch für Analytic Views anlegen. Sie müssen dann bei der Anlage der dafür vorgesehenen Spalten angeben, ob es sich um ein Attribut oder eine Kennzahl (Measure) handelt. Auch müssen Sie sich entscheiden, ob diese Berechnung vor oder nach der Aggregation durchgeführt werden soll.

Währungs- und Einheitenumrechnung

In ABAP können Sie die Funktionen CONVERT_CURRENCY für Währungsumrechnungen und CONVERT_UNIT für Einheitenumrechnungen verwenden.

In Analytic Views gibt es zwei Varianten zur Durchführung von Umrechnungen: Zum einen können Sie für eine Spalte definieren, dass immer eine bestimmte Umrechnung durchgeführt werden soll – der umgerechnete Wert also in der Standardspalte ausgegeben wird. Zum anderen können Sie eine zusätzliche Spalte einfügen, in deren Berechnung die Umrechnung erfolgt. Das Ergebnis wird dann über die neue Spalte ausgegeben.

Für unser Beispiel verwenden wir zunächst die erste Variante, bei der für eine existierende Spalte eine Umrechnung definiert wird.

1. Doppelklicken Sie im Bereich OUTPUT des Analytic-View-Editors auf die Spalte PRICE, für die eine Umrechnung durchgeführt werden soll. Sie sollten dann ein Pop-up wie in Abbildung 2.22 sehen.

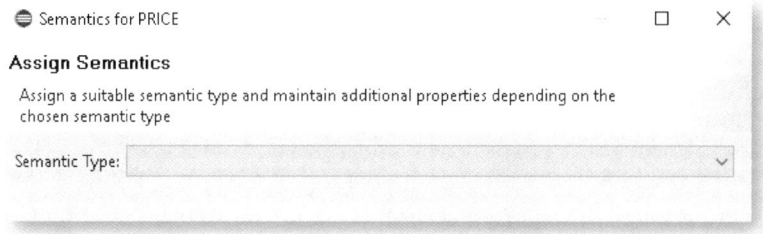

Abbildung 2.22: Umrechnungszuweisung für existierende Spalte

2. Wählen Sie als SEMANTIC TYPE **Amount with Currency Code** für Währungsumrechnungen (so in unserem Fall) oder **Quantity with Unit of Measure** für Einheitenumrechnungen.

3. Im nächsten Fenster (Abbildung 2.23) drücken Sie im Feld CURRENCY auf die Wertehilfe.

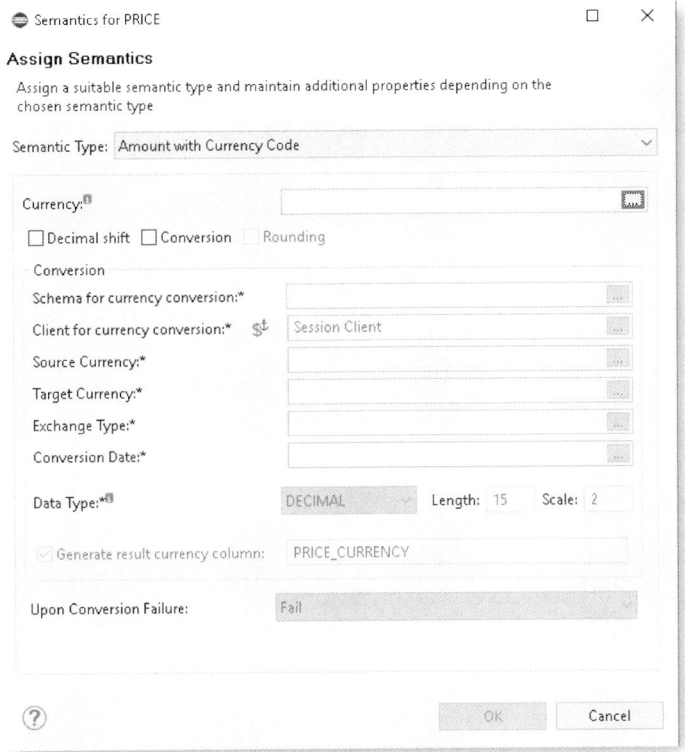

Abbildung 2.23: Spaltenauswahl für Währung

4. Wählen Sie im sich öffnenden Pop-up als TYPE nicht **Fixed**, sondern **Column**, und als Feld CURRENCY.

5. Die anderen Eingaben wählen Sie je nach Erfordernis. In diesem Fall drücken Sie den Button CANCEL, weil wir nun den konvertierten Preis über die zweite Variante ermitteln wollen.

Wir bearbeiten im Folgenden also die Variante, bei der eine zusätzliche berechnete Spalte die andere Währung aufnimmt.

1. Markieren Sie den Ordner CALCULATED COLUMNS und wählen Sie im Kontextmenü NEW CALCULATED COLUMN.

2. Geben Sie im folgenden Pop-up als NAMEN **CONVERTED_PRICE**, als BESCHREIBUNG **konvertierter Preis** und als Datentyp denselben Datentyp ein, den auch die Quellspalte besitzt, in diesem Fall **Decimal** mit Länge **15** und SCALE **2**. Als COLUMN TYPE wählen Sie MEASURE.

3. Wählen Sie im Bereich ELEMENTS die Spalte PRICE.

4. Wechseln Sie auf die Registerkarte SEMANTICS.

5. Wählen Sie als SEMANTIC TYPE **Amount with Currency Code.**

6. Als SCHEMA FOR CURRENCY CONVERSION wählen Sie über die Wertehilfe **ABAP** mit Ihrem Standardschema.

7. Im Feld CURRENCY haben Sie die Möglichkeit, ein Feld über die Wertehilfe auszuwählen oder die Währung direkt einzugeben. Wählen Sie in diesem Fall die Direkteingabe der Währung **EUR**.

8. Markieren Sie CONVERSION. Dabei markiert sich DECIMAL SHIFT von selbst.

9. Wählen Sie als SOURCE CURRENCY die Spalte CURRENCY aus SFLIGHT über die Wertehilfe.

10. Als TARGET CURRENCY geben Sie **EUR** ein.

11. Als EXCHANGE TYPE geben Sie **M** ein.

12. Wählen Sie als CONVERSION DATE ein Datum über die Wertehilfe.

   Wie Ihre Auswahl im Ergebnis aussieht, zeigt Ihnen Abbildung 2.24.

13. Drücken Sie den Button OK.

14. Aktivieren Sie den Analytic View mit dem Button ⊙.

Wollen Sie einzelne Werte für die Konvertierung nicht über das Pop-up, sondern dynamisch ermitteln, können Sie dies über Eingabeparameter tun. Eingabeparameter definieren Sie im Editor im Bereich SEMANTICS über die Registerkarte PARAMETER/VARIABLES.

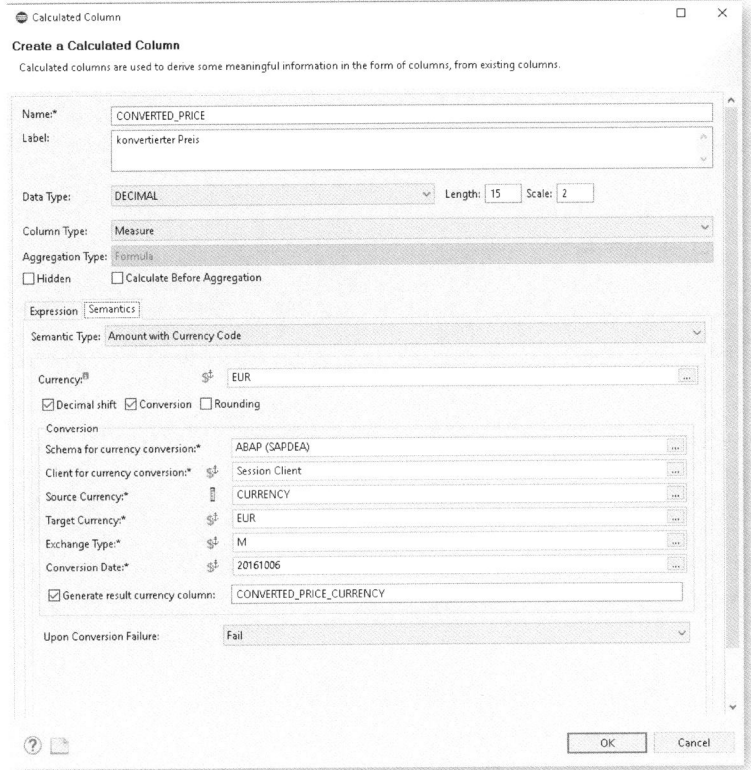

Abbildung 2.24: Eingaben für den konvertierten Preis

2.6.3 Calculation Views

Reichen die eingeschränkten Kalkulationsmöglichkeiten beim Analytic View nicht mehr aus oder sollen einzelne Views beliebig miteinander kombinierbar sein, können Sie den *Calculation View* verwenden. Er wurde von der SAP immer wieder modernisiert. Seit dem SP11 werden folgende drei Typen angeboten: Calculation Views ...

▶   ... with Dimensions,

▶   ... with Cubes,

▶   ... with Star-Join.

Welchen Calculation View Sie einsetzen möchten, wählen Sie bei der Anlegen-Aktivität (vgl. Abbildung 2.25) aus.

Während Attribute Views nur Datenbanktabellen über Joins verbinden können und Analytic Views gemäß dem Sternschema (Datenbanktabellen als Faktentabellen und Attribute Views als Dimensionen) entwickelt werden, bestehen die Calculation Views aus Knoten und Operationen, die beliebig miteinander kombinierbar sind. Die Endknoten bestehen dabei aus Tabellen oder anderen Views. Die Operationen sind Knoten, die darstellen, wie die Daten der Endknoten zu behandeln sind.

Man kann den Calculation View entweder – so wie die anderen Views – über einen Wizard grafisch modellieren oder mithilfe von SQLScript erstellen.

Die **grafische Modellierung** bildet eine Baumstruktur, wobei die Blätter die Tabellen und Views darstellen. Die anderen Knoten sind Operationen, wovon es derzeit folgende Formen gibt:

▶ *Join*,

▶ *Projection* (Definition einer Feldliste),

▶ *Aggregation* (Berechnung von Daten),

▶ *Union* (Vereinigungsmenge),

▶ *Rank* (Sortieren).

Der Wurzelknoten des Baumes ist die Ausgabestruktur des Views und gilt somit als externe Schnittstelle.

Die Modellierung per Wizard kann aber einzelne Möglichkeiten, die SQLScript hergibt, nicht anbieten. So sind nur ein eingeschränktes SQL und begrenzte Ausgabestrukturen verfügbar. Außerdem ist keine Weiterberechnung von aggregierten Daten möglich.

Nachfolgend werden wir erst eine grafische Modellierung des Calculation Views und in einem zweiten Beispiel die Erstellung per SQLScript durchführen.

Grafische Modellierung

1. Markieren Sie mit der rechten Maustaste im CONTENT-Ordner ein Paket, in dem Sie den Calculation View anlegen möchten, und wählen Sie im Kontextmenü NEW • CALCULATION VIEW.

    Es öffnet sich das in Abbildung 2.25 gezeigte Pop-up.

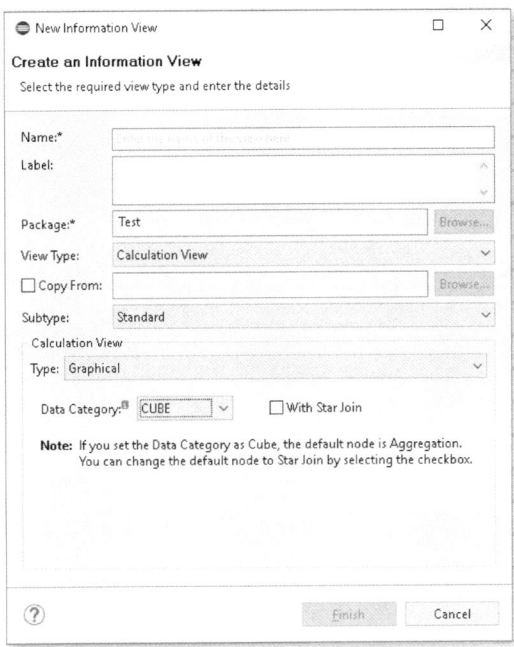

Abbildung 2.25: Anlage Calculation View

2. Geben Sie als NAME **CA_FLIGHT** ein und als BESCHREIBUNG **Calculation Flight**.

3. Belassen Sie als TYPE den Wert **Graphical**, um eine grafische Modellierung durchzuführen. Andernfalls müssten Sie **SQLScript** auswählen.

4. Als DATA CATEGORY wählen Sie **CUBE**, um die Ausgabe und damit den Wurzelknoten als Aggregation darzustellen. Wenn Sie nur ei-

ne Projektion (einfache Auswahl von Datenfeldern) machen möchten, müssten Sie hier **DIMENSION** wählen.

5. Drücken Sie den Button FINISH.

Sie sehen jetzt das Ausgangsbild des Calculation Views (siehe Abbildung 2.26).

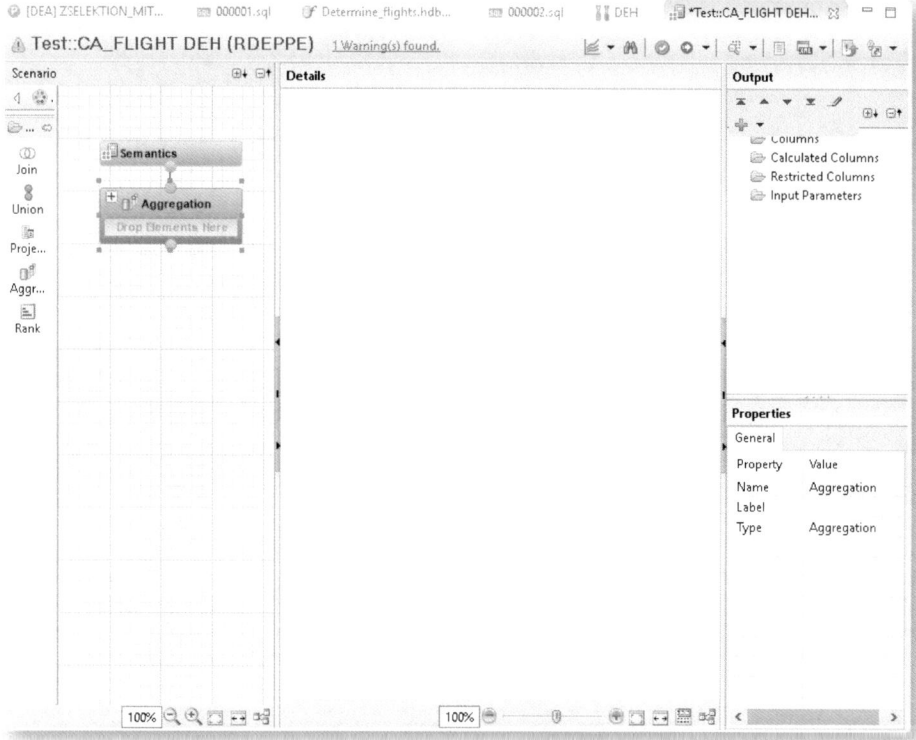

Abbildung 2.26: Ausgangsbild Calculation View (Modeling)

6. Um den Attribute View AT_FLIGHT für den Calculation View zu nutzen, markieren Sie in der PALETTE (links vom Editor) den Knoten PROJECTION und ziehen ihn in den Editor unterhalb von AGGREGATION.

7. Gehen Sie mit der Maus auf den Text PROJECTION_1, sodass rechts davon ein grünes Kreuz erscheint. Klicken Sie auf dieses.

8. Es öffnet sich ein Pop-up. Geben Sie den Namen AT_FLIGHT ein, und bestätigen Sie mit OK.

9. Um den Analytic View AN_AIRLINE zu verwenden, wählen Sie in der PALETTE den Knoten AGGREGATION und ziehen ihn in den Editor rechts neben PROJECTION_1.

10. Gehen Sie mit der Maus auf den Text AGGREGATION_1. Rechts davon zeigt sich ein grünes Kreuz, drücken Sie auf dieses.

11. Es öffnet sich wiederum ein Pop-up. Geben Sie diesmal den Namen AN_AIRLINE ein, und bestätigen Sie mit dem Button OK.

12. Um die beiden Views zu verbinden, wählen Sie in der PALETTE den Knoten JOIN und ziehen ihn in die Mitte des Editors.

13. Nun müssen Sie die Verbindungen zwischen den Knoten herstellen. Das ist etwas umständlich: Gehen Sie mit der Maus auf den Text PROJECTION_1. Es erscheint rechts davon ein Pfeil, auf den Sie linksklicken. Lassen Sie die Maus gedrückt, ziehen Sie eine Linie zwischen Knoten PROJECTION_1 und JOIN_1.

14. Ziehen Sie auf diese Weise auch eine Verbindungslinie zwischen AGGREGATION_1 und JOIN_1.

Ihr Calculation View sollte nun in etwa so aussehen wie in Abbildung 2.27.

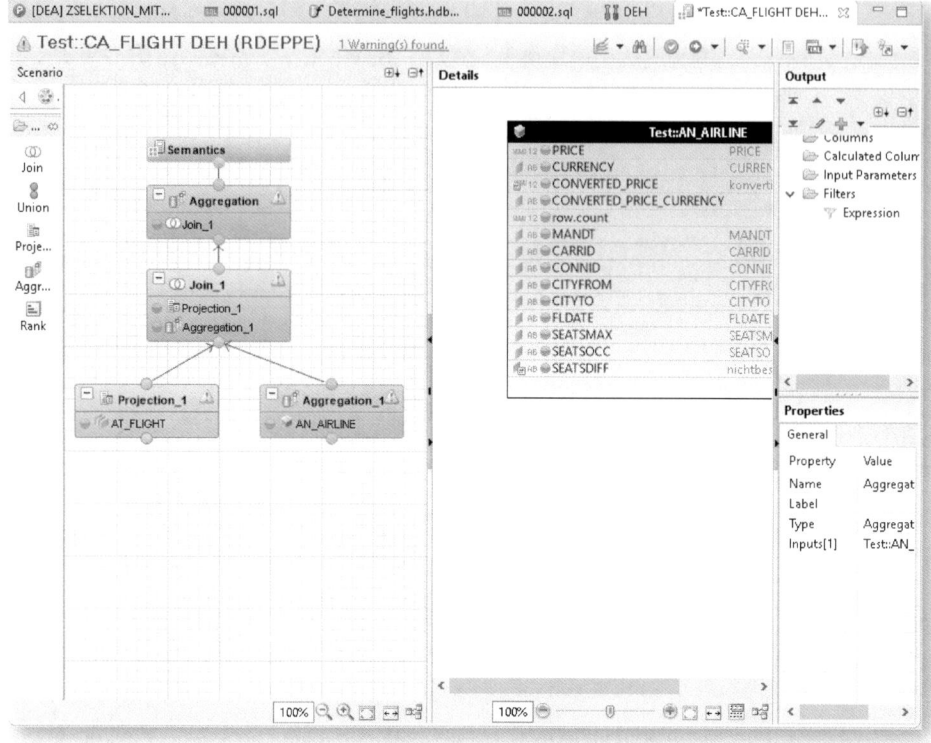

Abbildung 2.27: Knotenverbindung Calculation View

Nun müssen Sie noch die Felder markieren, die aus den einzelnen Views ausgegeben werden sollen.

15. Dazu markieren Sie im Bereich DETAILS die Felder, die an den oberen Knoten übergeben werden sollen. Das Fenster DETAILS ist sehr klein. Deshalb müssen Sie hier i. d. R. hin- und herscrollen. Markieren Sie für dieses Übungsbeispiel im Knoten PROJEC-TION_1 die Felder MANDT, CARRID und CONNID.

16. Markieren Sie im Knoten AGGREGATION_1 die Felder MANDT, CARRID, CONNID, CONVERTED_PRICE und CONVERTED_PRICE_CURRENCY.

Die eben markierten Felder werden an den nächsthöheren Knoten übergeben.

17. Markieren Sie im Knoten JOIN_1 die Felder CONVERTED_PRICE und CONVERTED_PRICE_CURRENCY.

18. Markieren Sie im Knoten AGGREGATION die Felder CONVERTED_ PRICE und CONVERTED_PRICE_CURRENCY.

19. Aktivieren Sie den View über den Button ⊙.

Da der Wurzelknoten die Schnittstelle nach außen darstellt, wird jetzt der aggregierte Preis aller Flüge nach außen gegeben.

SQLScript

Jetzt werden wir einen Calculation View über SQLScript anlegen. Der Einstieg entspricht zunächst dem zuvor beschriebenen Vorgehen.

1. Markieren Sie mit der rechten Maustaste im Content-Ordner ein Paket, in dem Sie den Calculation View anlegen möchten, und wählen Sie im Kontextmenü NEW • CALCULATION VIEW.

2. Geben Sie als NAMEn **CA_FLIGHT_SQL** ein und als BESCHREIBUNG **Calculation Flight SQL**.

3. Nehmen Sie in diesem Fall aber als TYPE den Wert **SQLScript**.

4. Als PARAMETER CASE SENSITIVE legen Sie fest, ob bei Parametern die Groß- und Kleinschreibung wichtig sein soll.

5. Drücken Sie den Button FINISH.

Im Bereich PROPERTIES von Eclipse sehen Sie einige Daten, die außerdem für die SQL-Codierung wichtig sind (Abbildung 2.28):

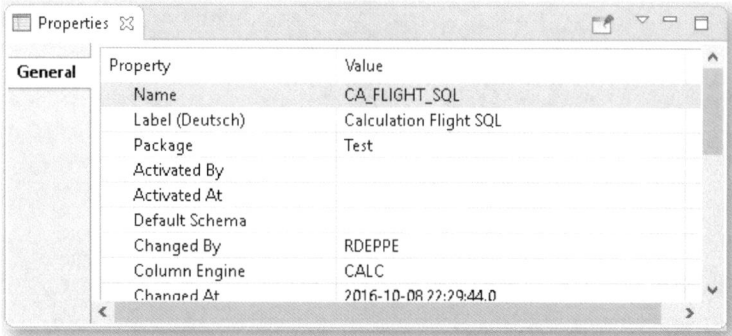

Abbildung 2.28: Properties des Calculation Views mit SQLScript

▶ *Default Schema* definiert das Standard-Datenbankschema, sodass Sie dieses nicht bei den Selektionstabellen angeben müssen.

▶ *Run With* (hier nicht mehr zu sehen) gibt an, für welchen User die SQL-Berechtigungen bei der Datenbankselektion über-prüft werden sollen. Wenn hier **Invokers Rights** steht, werden die Berechtigungen des Aufrufers überprüft.

Abbildung 2.23 zeigt wiederum das Ausgangsbild des Calculation Views.

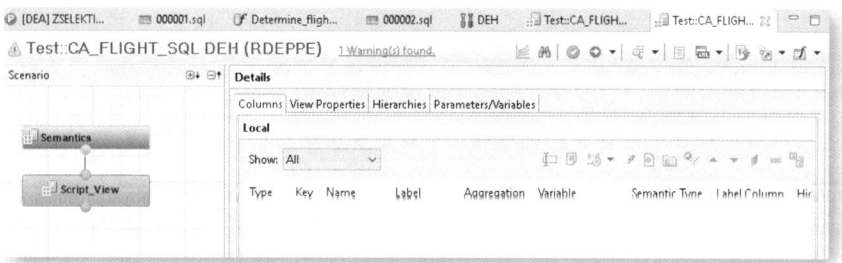

Abbildung 2.29: Ausgangsbild Calculation View (SQLScript)

Im Moment sehen Sie die Eingabemöglichkeiten für SEMANTICS. Sie können hier u. a. Beschreibungen, Hierarchien und Eingabeparame-ter oder Variablen definieren.

Klicken Sie auf den Knoten SCRIPT VIEW, dann können Sie das Coding für den View eingeben. Sie sehen es in Abbildung 2.30.

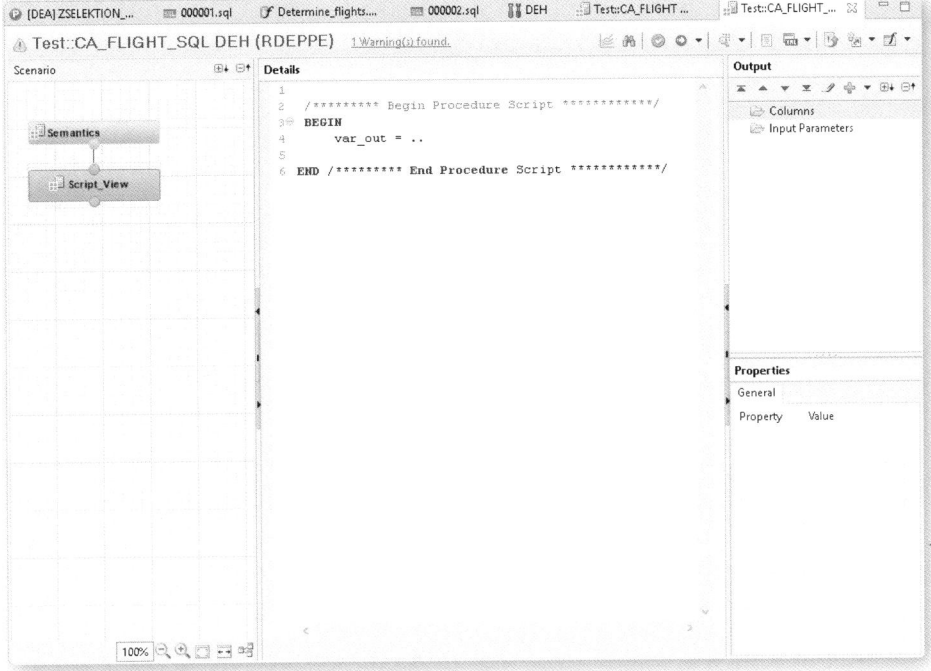

Abbildung 2.30: Coding des Calculation Views mit SQLScript

VAR_OUT ist der Ausgabeparameter des Calculation Views mit SQLScript.

6. Um die Ausgabestruktur zu definieren, drücken Sie im Bereich OUTPUT mit der rechten Maustaste auf den Ordner COLUMNS und wählen **Create Columns**.

   Daraufhin öffnet sich ein Fenster, in dem Sie weitere Spalten ergänzen können.

7. Fügen Sie die Spalten gemäß Abbildung 2.31 hinzu.

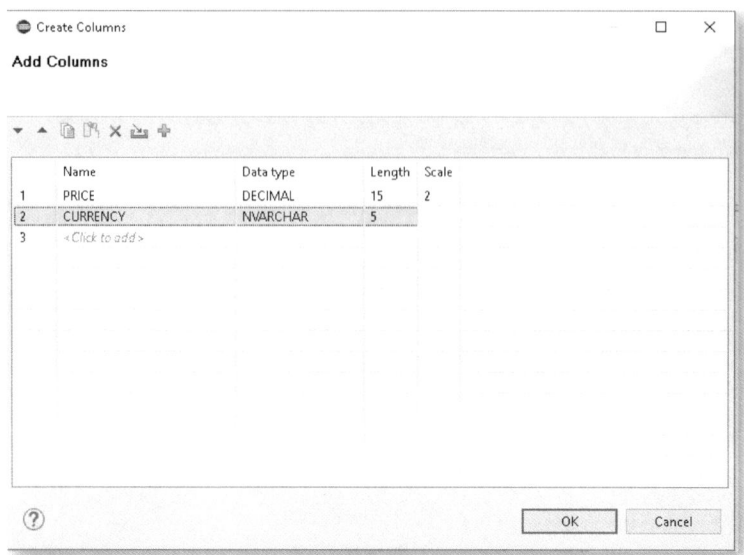

Abbildung 2.31: Ausgabestruktur des Calculation Views mit SQLScript

8. Füllen Sie das Coding mit dem Listing 2.23.

```
/********* Begin Procedure Script ************/
BEGIN
        var_out = select price, currency
                  from "Test::AN_AIRLINE";
END /********* End Procedure Script ************/
```

Listing 2.23: Calculation View mit SQLScript

Nach Klick auf OK gelangen Sie wieder in den Editor. Sie finden den Namen des aufzurufenden Views AN_AIRLINE unter SEMANTICS • VIEW PROPERTIES • COLUMN VIEW NAME (siehe Abbildung 2.32).

Gleichzeitig gibt es ein PUBLIC SYNONYM (öffentliches Synonym), über das der View aufrufbar ist. So wird aus dem Namen "Test/AN_AIRLINE" dann "Test::AN_AIRLINE". »Test« ist dabei der Name des Paketes, in welchem der View angelegt wurde.

Eindeutigkeit der Namen nur innerhalb des Pakets

 Die Angabe des Paketnamens ist wichtig, weil Namen nur innerhalb eines Paketes eindeutig sind. In einem anderen Paket kann es einen anderen View mit demselben Namen geben.

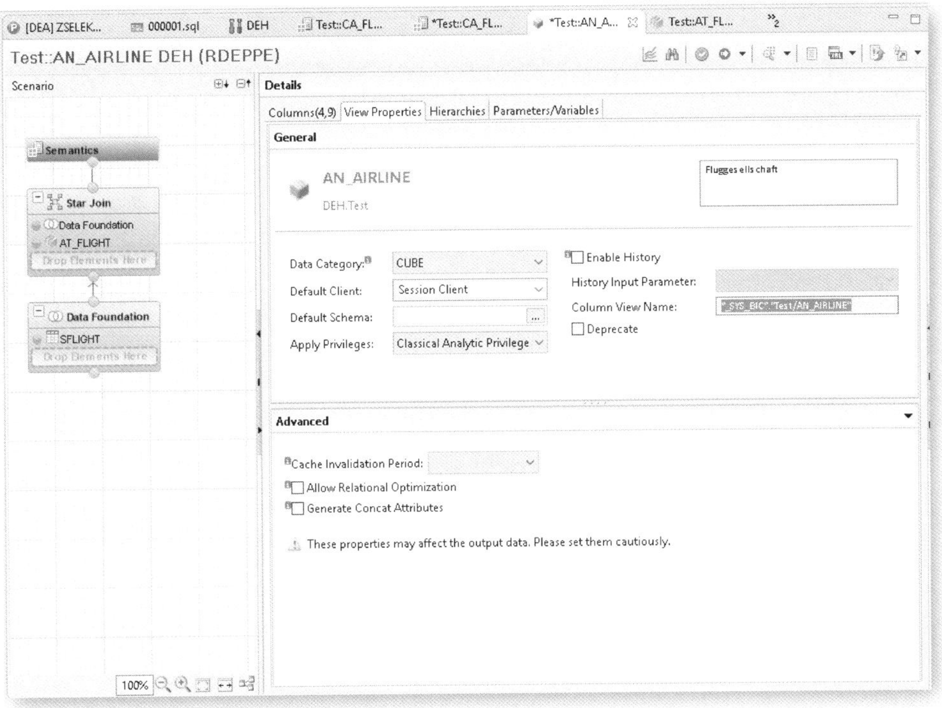

Abbildung 2.32: Aufrufername des Views

Damit das System weiß, wie es mit den Daten der Schnittstelle umgehen kann, muss man diese noch typisieren.

9. Wechseln Sie in den Knoten SEMANTICS.

10. Geben Sie im Bereich DETAILS Registerkarte COLUMNS Spalte TYPE an, ob es sich um ein Attribut oder eine Kennzahl (Measure) handelt.

11. Aktivieren Sie den View über den Button ⊙.

2.6.4 Laufzeitobjekte der Views

Laufzeitobjekte enthalten die Ergebnisse der nach dem Aktivieren angelegten Views. Für jeden View wird nach dem Aktivieren im Schema _SYS_BIC mindestens ein Column View angelegt, der wie alle über normales SQL angesprochen werden kann. Auch Hierarchien, Kennzahlen und berechnete Felder führen zu eigenen Column Views. Für einen Calculation View mit SQLScript werden eine Datenbankprozedur und für den Exportparameter VAR_OUT ein Tabellentyp angelegt.

Attribute Views lassen sich nur in Joins ohne Aggregationen einsetzen. Demgegenüber können Analytic Views nur mit Aggregationen (COUNT, SUM, AVG usw.) in Selects verwendet werden.

Sie können sich die Ergebnisse Ihrer Views ansehen, indem Sie im Kontextmenü auf DATA PREVIEW klicken. Allerdings sehen Sie dort nur einen Teilausschnitt der Daten. Sie können die Daten auch in Microsoft Excel aufrufen, wenn Sie SAP HANA Client installiert haben, der zum Lieferumfang von SAP HANA gehört. Im Datenimport-Wizard von Excel finden Sie dann den SAP HANA MDX PROVIDER, der Ihnen die Daten in eine Pivot-Excel-Tabelle legt.

2.7 Einbindung der Objekte aus dem SAP HANA Studio in ABAP-Programme

Sie haben gerade gelernt, wie Sie mit dem SAP HANA Studio Daten aus der Datenbank auslesen können. Nun zeige ich Ihnen, wie Sie diese analytischen Views und Datenbankprozeduren in ABAP-Programme einbinden. Dabei steht »analytische Views« jeweils für die drei Viewtypen Attribute, Analytic und Calculation. Ansprechbar sind die analytischen Views über die unter CATALOG im Datenbankschema _SYS_BIC generierten Column Views.

Die ABAP-Programme legen Sie bekanntlich in der Perspektive ABAP an.

2.7.1 Aufrufen analytischer Views

Vor ABAP 7.4 konnten Column Views aus ABAP-Programmen heraus nur über Native SQL angesprochen werden. Seit ABAP 7.4 gibt es die Möglichkeit, die Views aus dem SAP HANA Repository in das ABAP Dictionary zu importieren, sodass die Objekte danach über Open SQL ansprechbar sind.

Der Zugriff über Native SQL aus ABAP heraus geschieht am besten über ADBC, das ich Ihnen in Abschnitt 2.2 vorgestellt habe.

```
TYPES: BEGIN OF type_data,
        carrid    TYPE s_carr_id,
        connid    TYPE s_conn_id,
        city_from TYPE s_from_cit,
        city_to   TYPE s_to_city,
      END OF type_data.

DATA gt_data TYPE STANDARD TABLE OF type_data.
CONSTANTS: gc_lufthansa TYPE s_carr_id VALUE 'LH',
        gc_view TYPE string VALUE 'Test::AT_FLIGHT'.

* Variablen füllen
DATA(gv_statement)
        = |SELECT carrid, connid, cityfrom, cityto |
     && |FROM "{ gc_view }" |
     && |WHERE mandt = { sy-mandt } |
     && |AND carrid = '{ gc_lufthansa }'|.

TRY.
* Select vorbereiten
```

```
      DATA(go_connection)
              = cl_sql_connection=>get_connection( ).
      DATA(go_statement)
          = go_connection->create_statement( ).

* Select durchführen
      DATA(go_result_set) = go_statement->execute_query(
                                  gv_statement ).
      go_result_set->set_param_table( REF #( gt_data ) ).
      go_result_set->next_package( ).
      go_result_set->close( ).
    CATCH cx_sql_exception INTO DATA(gx_exception).
      DATA(gv_error_message) = gx_exception->get_text( ).
      MESSAGE gv_error_message TYPE 'E'.
ENDTRY.

LOOP AT gt_data
      ASSIGNING FIELD-SYMBOL(<gs_data>).
    WRITE: / <gs_data>-carrid,
            <gs_data>-connid,
            <gs_data>-city_from,
            <gs_data>-city_to.
ENDLOOP.
```

Listing 2.24: ADBC für Attribut View AT_FLIGHT

In Listing 2.24 sehen Sie die Selektion aus dem Attribute View Test/AT_FLIGHT mithilfe von ADBC. Bedenken Sie, dass Sie das Selektionsstatement in Native SQL schreiben müssen.

Will man die Möglichkeit des Tracec in Betracht ziehen, muss man den Viewnamen an die Methode CREATE_STATEMENT übergeben.

```
DATA(go_result_set) = cl_sql_connection=>get_connection( )-
>create_statement(
      tab_name_for_trace = conv #( gc_view )
                    )->execute_query( gv_statement ).
```

Externe Views

Der Zugriff über Open SQL erfordert, dass die analytischen Views in das ABAP Dictionary importiert werden. Sie stehen dort als sogenannte *externe Views* zur Verfügung. Sie werden deshalb als »extern« bezeichnet, weil dann im ABAP Dictionary nur ein *Proxy* (Stellvertreter) zur Verfügung steht, der die Verbindung zum View im Schema _SYS_BIC herstellt.

Einen externen View im ABAP Dictionary können Sie nur über die ABAP-Perspektive (ABAP Development Tools) in Eclipse erstellen, was wir im Folgenden tun werden:

1. Wechseln Sie auf die ABAP-Perspektive von Eclipse.

2. Melden Sie sich im SAP-System des Project Explorers an.

3. Markieren Sie ein Paket (in diesem Fall das $TMP-Paket) mit der rechten Maustaste, und wählen Sie NEU • ANDERES REPOSITORY-OBJEKT.

4. Wählen Sie im Ordner ABAP DICTIONARY den DICTIONARY-VIEW, und drücken Sie den Button NEXT.

5. Wählen Sie als Namen **ZEV_FLIGHT**, und markieren Sie EXTERNE VIEW.

6. Geben Sie den Namen Ihres SAP-HANA-VIEWS ein. Sie können dabei den Button DURCHSUCHEN verwenden.

7. Geben Sie eine BESCHREIBUNG ein.

8. Folgen Sie den weiteren Anweisungen.

Wenn der Import erfolgreich war, sehen Sie anschließend die Struktur des neu angelegten Dictionary-Views. Diesen können Sie jetzt wie jeden normalen ABAP-View über eine normale ABAP-Selektion verwenden.

123

Sollten Sie einen View verwenden, dessen HANA-Feldtypen nicht in einen ABAP-Typ konvertierbar sind, wird der Import fehlschlagen, und Sie können nicht per Open SQL auf den View zugreifen.

Sie sehen im Dictionary View, dass die Spalte DDIC-Typ änderbar ist. Sie müssen als Entwickler die Werte in dieser Spalte manuell den Erfordernissen anpassen, weil viele HANA-Typen den ABAP-Typen nicht eindeutig zuordenbar sind (z. B. Datum).

In Abschnitt 2.6.4 habe ich dargelegt, dass jeder View-Typ seine Beschränkungen beim SQL-Aufruf hat. Diese Beschränkungen gelten auch bei der Open-SQL-Verwendung eines externen Views.

Wenn Sie den SAP-HANA-View im HANA Studio ändern, müssen Sie den externen View über den Button SYNCHRONISIEREN anpassen, weil es sonst zu einem Laufzeitfehler kommt.

Sie können auf die externen Views auch mithilfe von Native SQL, etwa über ADBC, zugreifen. Dies kann sinnvoll sein, weil wir später noch Funktionalitäten in Native SQL kennenlernen werden, die es in Open SQL nicht gibt (z. B. Fuzzy-Suche).

2.7.2 Aufruf von HANA-Datenbankprozeduren

Um HANA-Datenbankprozeduren (siehe Abschnitt 2.5.1) aus ABAP-Programmen heraus aufzurufen, gibt es zwei Möglichkeiten:

1. Zugriff über ADBC und dessen natives SQL – möglich seit ABAP-Release 7.0 und SAP-Kernel 7.20.

2. Aufruf von *Database Procedure Proxies* – diese stehen Ihnen erst ab ABAP-Release 7.4 zur Verfügung. SAP HANA muss als Primärdatenbank verwendet werden.

Zugriff über ADBC

In Abschnitt 2.2 haben Sie schon gelernt, dass ADBC die Klasse CL_SQL_STATEMENT verwendet, um auf Daten zuzugreifen. Auch für den Aufruf von Datenbankprozeduren steht Ihnen das ADBC zur Verfügung.

Wenn die Datenbankprozedur keine Ein- oder Ausgabeparameter als Strukturen oder Tabellen hat, können Sie die Methode EXECUTE _PROCEDURE der Klasse zum Aufruf der Prozedur nutzen. Andernfalls rufen Sie die Datenbankprozedur über die Methode EXECUTE _QUERY auf.

Für den Aufruf von Ein- oder Ausgabeparametern ohne Strukturen und Tabellen sollte Ihr Coding wie in Listing 2.25 aussehen.

```
DATA gv_price TYPE s_price.
CONSTANTS: lc_mandt  TYPE s_mandt   VALUE '100',
          lc_carrid TYPE s_carr_id VALUE 'LH',
          lc_connid TYPE s_conn_id VALUE '0400'.

TRY.
    DATA(go_sql_statement) = cl_sql_connection=>get_
connection( )->create_statement( ).
    go_sql_statement->set_param(
        data_ref = REF #( lc_mandt )
        inout    = cl_sql_statement=>c_param_in
        ).
    go_sql_statement->set_param(
        data_ref = REF #( lc_carrid )
        inout    = cl_sql_statement=>c_param_in
        ).
    go_sql_statement->set_param(
        data_ref = REF #( lc_connid )
        inout    = cl_sql_statement=>c_param_in
        ).
    go_sql_statement->set_param(
        data_ref = REF #( gv_price )
        inout    = cl_sql_statement=>c_param_out
        ).
    go_sql_statement->execute_procedure(
                        'rdeppe.flight_price' ).
CATCH cx_root INTO DATA(lx_error).
```

```
      WRITE |{ lx_error->get_text( ) }|.
ENDTRY.

WRITE gv_price.
```

Listing 2.25: Aufruf einer Datenbankprozedur ohne Strukturen oder Tabellen als Parameter

Hier wird die Datenbankprozedur FLIGHT_PRICE, die wir in Listing 2.19 angelegt haben, aus einem normalen ABAP-Programm gerufen. Zuvor werden die Parameter in der gleichen Reihenfolge in den Speicher geladen, wie Sie im Parameterschema der Datenbankprozedur vorliegen.

Wenn die Datenbankprozedur-Schnittstelle Strukturen oder Tabellen besitzt, müssen Sie die Methode EXECUTE_QUERY verwenden. Dabei werden die Parameter der Datenbankprozedur in der Statement-Schnittstelle der Methode EXECUTE_QUERY übergeben.

Wenn Tabellen als Parameter vorhanden sind, müssen Sie mit temporären Übergabetabellen arbeiten. Temporäre Tabellen werden von der Datenbank gelöscht, wenn sie nicht mehr benötigt werden, und sind performanter als normale Datenbanktabellen.

► Bei **globalen** temporären Tabellen steht die Tabellendefinition sessionübergreifend zur Verfügung. Auf den Tabelleninhalt kann aber nur innerhalb einer Programmhierarchie-Session zugegriffen werden, weshalb diese immer ihren eigenen Speicherbereich hat. Der Inhalt wird am Ende der Session gelöscht;

► Bei **lokalen** temporären Tabellen sind sowohl Tabellendefinition als auch Tabelleninhalt nur innerhalb einer Programmhierarchie-Session aufrufbar. Beide werden am Ende der Session gelöscht.

► Globale temporäre Tabellen, die zur Designzeit angelegt werden, sind transportierbar. Sie sind aber auch zur Laufzeit anlegbar.

Im Folgenden werden wir aus einem ABAP-Programm eine Daten-bankprozedur aufrufen, die eine Tabelle als Ausgangsparameter be-sitzt. Die Datenbankprozedur finden Sie in Listing 2.17.

```
TYPES: BEGIN OF type_flight,
         carrid TYPE s_carr_id,
         connid TYPE s_conn_id,
       END OF type_flight.
DATA: lv_statement TYPE string,
      lt_flight    TYPE TABLE OF type_flight.
CONSTANTS lc_carrid TYPE s_carr_id VALUE 'LH'.

TRY.
    lv_statement = |DROP TABLE #ET_FLIGHTS|.
    cl_sql_connection=>get_connection(
    )->create_statement( )->execute_ddl( lv_statement ).
  CATCH cx_sql_exception.
ENDTRY.

TRY.
    lv_statement = |CREATE LOCAL TEMPORARY ROW|
        && | TABLE #ET_FLIGHTS LIKE RDEPPE.TT_FLIGHTS|.
    cl_sql_connection=>get_connection(
    )->create_statement( )->execute_ddl( lv_statement ).

    lv_statement = |CALL "RDEPPE.FLIGHTS"|
            && |( '{ sy-mandt }', '{ lc_carrid }',|
            && | #ET_FLIGHTS ) WITH OVERVIEW|.
    DATA(lo_result_set) =
        cl_sql_connection=>get_connection(
            )->create_statement(
            )->execute_query( lv_statement ).
    lo_result_set->close( ).

    lv_statement = |SELECT * FROM #ET_FLIGHTS|.
    lo_result_set = cl_sql_connection=>get_connection(
                    )->create_statement(
                    )->execute_query( lv_statement ).
```

```
    lo_result_set->set_param_table(
                REF #( lt_flight ) ).
    lo_result_set->next_package( ).
    lo_result_set->close( ).
  CATCH cx_sql_exception INTO DATA(lo_error).
    WRITE: | { lo_error->get_text( ) } |.
ENDTRY.

LOOP AT lt_flight
     ASSIGNING FIELD-SYMBOL(<ls_flight>).
  WRITE: / <ls_flight>-carrid,
           <ls_flight>-connid.
ENDLOOP.
```

Listing 2.26: ABAP-Aufruf einer Datenbankprozedur mit Tabelle als Ausgangsparameter

1. Mithilfe der Anweisung DROP TABLE wird zunächst eine eventuell vorhandene lokale Tabelle #ET_FLIGHTS gelöscht, um sicherzustellen, dass keine fremden Daten gelesen werden.

2. Über die Anweisung CREATE LOCAL TEMPORARY ROW TABLE wird schließlich die lokale Tabelle #ET_FLIGHTS angelegt.

3. Die CALL-Anweisung ruft die Datenbankprozedur auf und übergibt die Parameter.

4. Danach wird über eine SELECT-Anweisung die temporäre Tabelle #ET_FLIGHTS ausgelesen.

5. Der Inhalt wird dann mithilfe der Methode SET_PARAM_TABLE an die interne Tabelle LT_FLICHT übergeben. Schließlich wird die interne Tabelle ausgelesen.

Wenn wir eine Tabelle als Eingangsparameter haben, sieht das Coding für die Datenbankprozedur etwa wie in Listing 2.27 aus.

```
CREATE PROCEDURE flights_2(
   IN iv_mandt NVARCHAR(3),
   IN it_flights RDEPPE.TT_FLIGHTS,
   OUT ev_price DECIMAL(8,4) ) AS
BEGIN
/* Coding */
END;
```

Listing 2.27: Datenbankprozedur mit Tabelle als Eingangsparameter

Dann könnte der Aufruf aus dem ABAP-Programm gemäß Listing 2.28 vollzogen werden.

```
TYPES: BEGIN OF type_flight,
         carrid TYPE s_carr_id,
         connid TYPE s_conn_id,
       END OF type_flight.
DATA: gv_statement TYPE string,
      gt_flight    TYPE TABLE OF type_flight,
      gv_price     TYPE s_price.

APPEND VALUE #( carrid = 'LH'
               connid = '0400' )
       TO gt_flight.

APPEND VALUE #( carrid = 'AA'
               connid = '3200' )
       TO gt_flight.

TRY.
    gv_statement = |CREATE LOCAL TEMPORARY ROW|
        && | TABLE #IT_FLIGHTS LIKE RDEPPE.TT_FLIGHTS|.
    cl_sql_connection=>get_connection(
                    )->create_statement(
                    )->execute_ddl( gv_statement ).

    LOOP AT gt_flight
        ASSIGNING FIELD-SYMBOL(<gs_flight>).
```

```
gv_statement = |INSERT INTO #IT_FLIGHTS VALUES|
            && |('{ <gs_flight>-carrid }',|
            && | '{ <gs_flight>-connid }')|.
cl_sql_connection=>get_connection(
                )->create_statement(
                )->execute_update( gv_statement ).
ENDLOOP.

gv_statement = | CALL "RDEPPE.FLIGHTS_2"|
            && |( '{ sy-mandt }', #IT_FLIGHTS,|
            && | '{ gv_price }') WITH OVERVIEW|.
DATA(go_result_set) = cl_sql_connection=>get_
connection( )->create_statement(
            )->execute_query( gv_statement ).
go_result_set->close( ).
CATCH cx_sql_exception INTO DATA(lo_error).
WRITE: | { lo_error->get_text( ) } |.
ENDTRY.

WRITE gv_price.
```

Listing 2.28: ABAP-Aufruf einer Datenbankprozedur mit Tabelle als Eingangsparameter

Zunächst wird die interne Tabelle GT_FLIGHT mit Daten gefüllt. Dann wird die lokale temporäre Tabelle #IT_FLIGHTS angelegt und anschließend mit Daten versorgt. Zum Schluss wird die Datenbankprozedur FLIGHTS_2 im Schema RDEPPE aufgerufen und mit Parametereingaben versorgt.

Zugriff über Database Procedure Proxies

Ab dem ABAP-Release 7.4 können Sie *Database Procedure Proxies* verwenden, wenn Sie über Native SQL auf die HANA-Datenbank zugreifen möchten. Eine weitere Voraussetzung ist, dass die HANA-Datenbank als Primärdatenbank genutzt wird. Der Datenaustausch findet dabei über eigentlich veraltetes XML statt.

Der Database Procedure Proxy ist ein Stellvertreterobjekt auf dem ABAP-Applikationsserver, der die Datenbankprozedur repräsentiert und mit ihr verbunden ist.

Nur einen Database Procedure Proxy je Prozedur verwenden

 Grundsätzlich kann man mehrere Database Procedure Proxies für eine Datenbankprozedur anlegen. Sie sollten dieses aber zur besseren Übersicht nicht machen, sondern nur einen Proxy für eine Prozedur verwenden.

Für jeden Database Procedure Proxy wird ein Interface angelegt, über das der Austausch stattfindet. Sie können die Parameter und Datentypen anpassen, was v. a. für Letztere häufig vonnöten ist, weil die Verbindung zwischen Native SQL- und ABAP-Datentypen nicht eindeutig ist. Die Namen der Parameter können Sie beeinflussen: Ist der Name länger als dreißig Zeichen, verkürzt ihn das System automatisch. Die so erstellten Namen können Sie nachträglich ändern.

Der Vorteil von Database Procedure Proxies ist ein einfacherer Aufruf der Datenbankprozeduren, als wenn Sie den ADBC einsetzen, zumal damit die Verwendung temporärer Tabellen wegfällt.

Im Folgenden werden wir einen Database Procedure Proxy für die Datenbankprozedur **Test_XS_Project::Determine_flights** anlegen, welchen Sie aus dem Listing 2.20 kennen.

1. Stellen Sie sicher, dass Sie sich in der ABAP-Perspektive von Eclipse befinden.

2. Gehen Sie auf das Menü FILE • NEW • OTHER.

3. Wählen Sie im Pop-up den Ordner ABAP.

4. Wählen Sie im ABAP-Ordner DATENBANKPROZEDUR-PROXY, und drücken Sie den Button NEXT. Es öffnet sich ein Pop-up, wie Sie es in Abbildung 2.33 sehen.

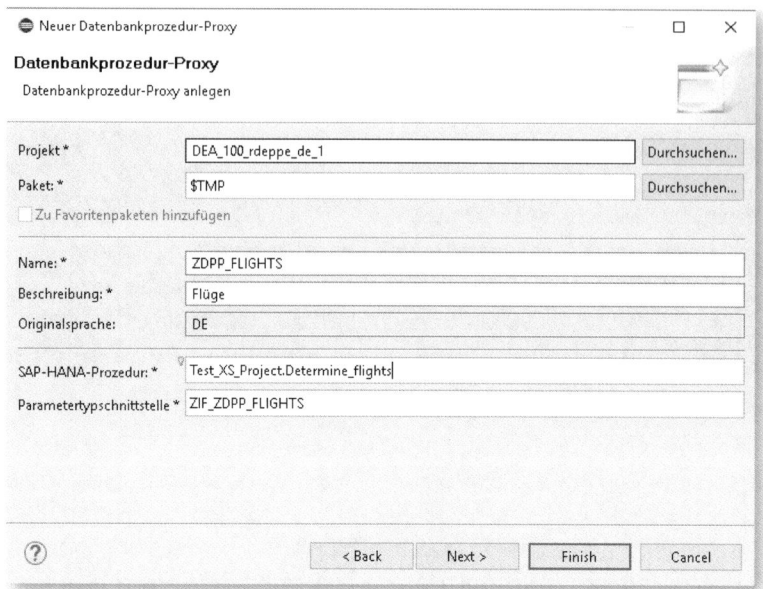

Abbildung 2.33: Anlage eines Database Procedure Proxies

5. Geben Sie ein Paket an, in diesem Fall **$TMP**.

6. Nehmen Sie als NAMEN **ZDPP_FLIGHTS** und als BESCHREIBUNG **Flüge**. Der Name muss im Kundennamensraum liegen.

7. Als SAP-HANA-Prozedur wählen Sie die Datenbank-Prozedur aus Listing 2.20 **Test_XS_Project.Determine_flights**. Dabei ist Groß-/Kleinschreibung wichtig.

8. Als PARAMETERTYPSCHNITTSTELLE tragen Sie **ZIF_ZDPP_FLIGHTS** cin. Sie ist das Interface, welches ebenfalls angelegt wird. Dieses Interface besteht aus den Komponenten der Schnittstelle der Datenbankprozedur.

9. Drücken Sie den Button FINISH.

    Im PROJECT EXPLORER finden Sie den Database Procedure Proxy im Knoten DICTIONARY • DB PROCEDURE PROXIES des genannten Pakets. Das Interface befindet sich im gleichen Paket im Knoten SOURCE LIBRARY.

10. Überprüfen Sie die Daten des Database Procedure Proxies in den Spalten ABAP NAME, ABAP TYPE und DDIC TYPE OVERRIDE. Für die ABAP-Typen können Datenelemente verwendet werden.

Der Aufruf der Database Procedure Proxy aus einem ABAP-Programm erfolgt durch eine einfache CALL-Anweisung.

```
TRY.
    CALL DATABASE PROCEDURE
        zdpp_flights
          EXPORTING
*             Parameter
          importing
*             Parameter

          .
  CATCH cx_sy_db_procedure_sql_error
        cx_sy_db_procedure_call INTO DATA(go_error).
    WRITE: | { go_error->get_text( ) } |.
ENDTRY.
```

Listing 2.29: Aufruf eines Database Procedure Proxies aus ABAP

Die Variablen des ABAP-Programmes für die Parameter können auf die Felder des Interfaces typisiert werden.

Wenn Sie die Schnittstelle der Datenbankprozedur ändern, müssen Sie auch das Proxy-Objekt ändern. Dieses ist mithilfe eines SYN-CHRONIZE-Buttons möglich.

Gemischte Systemlandschaften

Wenn Sie eine Systemlandschaft haben, in der sowohl eine HANA-Datenbank als auch traditionelle Datenbanken genutzt werden, sollten Sie Ihr Programm davon abhängig machen, auf welchem Datenbanktyp es läuft.

```
IF cl_db_sys=>dbsys_type = 'HDB'.
* Aufruf der HANA-Objekte
```

```
ELSE.
* Verarbeitung der traditionellen DDIC-Objekte
ENDIF.
```

2.8 Transport der HANA-Objekte

Der Transport von HANA-Objekten findet mithilfe einer *Delivery Unit* statt. Dies ist eine Sammlung von Paketen, die gemeinsam transportiert werden sollen. Ich habe in Abschnitt 1.3.7 schon einmal darauf hingewiesen, dass im HANA Repository das Paket sap die Objekte beinhaltet, die von der SAP ausgeliefert werden, und system-local die Pakete besitzt, die nicht transportiert werden sollen. Dementsprechend müssen Sie für Ihre zu transportierenden eigenen Entwicklungen entsprechende Pakete anlegen. Eine Delivery Unit für Ihre Pakete muss immer explizit angelegt werden.

Im Folgenden ordnen wir ein Paket einer Delivery Unit zu.

1. Gehen Sie in der Perspektive SAP HANA DEVELOPMENT auf der linken Seite des Eclipse-Bildschirms auf die Registerkarte REPO-SITORIES.

2. Markieren Sie ein Paket, und wählen Sie mit der rechten Maustaste im Kontextmenü EDIT PACKAGE.

    Es öffnet sich das in Abbildung 2.34 gezeigte Pop-up mit den Paketeigenschaften.

3. Ordnen Sie eine vorhandene Delivery Unit über den Button DROW3C zu.

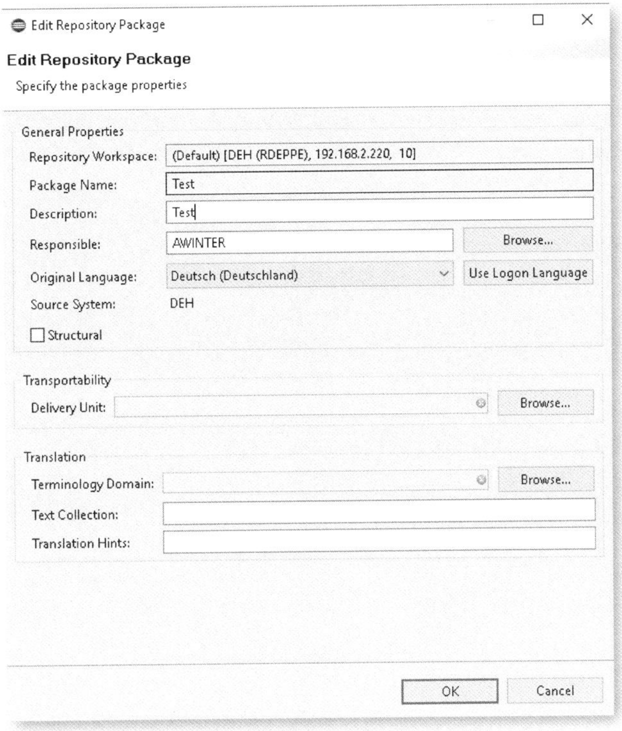

Abbildung 2.34: Paketeigenschaften

Wenn Sie eine neue Delivery Unit anlegen möchten, wählen Sie im Menü WINDOWS • SHOW VIEW • OTHER die Ansicht QUICK VIEW. Hier wählen Sie den Link DELIVERY UNITS und folgen den Anweisungen.

Wenn der Name des Schemas in einem Entwicklungssystem vom Namen eines Schemas im Qualitätssicherungs- oder Produktivsystem abweicht, müssen Sie ein *Schema-Mapping* durchführen. Dieses ist i. d. R. bei Systemschemata notwendig, deren Name aus den Begriffen »SAP« und »System-ID« zusammengesetzt ist. Das Quell-Schema wird als Entwicklungsschema (*Authoring Schema*) und das Ziel-Schema als physikalisches Schema (*Physical Schema*) bezeichnet. Sie können mehrere Entwicklungsschemata auf demselben physikalischen, aber ein Entwicklungsschema nicht auf mehreren physikalischen Schemata abbilden.

135

Ab dem Release SAP NetWeaver 7.31 Support Package 5 sowie ab dem Release 7.4 steht der *HANA-Transportcontainer* zur Verfügung. Er ist ein Proxy-Objekt für genau eine Delivery Unit. Hiermit können Entwicklungsobjekte des SAP HANA Repositories mit den Mechanismen des *Change and Transport Systems* (CTS) des ABAP-Applikationsservers transportiert werden.

Mithilfe des Transportcontainers werden ABAP-Programme und dazugehörige HANA-Objekte zeitgleich transportiert.

Im Folgenden legen wir einen HANA-Transportcontainer an.

1. Gehen Sie auf die ABAP-Perspektive.

2. Wählen Sie im Menü FILE • NEW • OTHER.

3. Im nächsten Pop-up öffnen Sie den Ordner ABAP und wählen SAP-HANA-TRANSPORT-CONTAINER.

4. Drücken Sie den Button NEXT.

5. Abbildung 2.35 zeigt das sich öffnende Fenster: Hier geben Sie ein PAKET ein und wählen als SAP-HANA-AUSLIEFERUNGSEINHEIT den Namen der Delivery Unit, für die der Transportcontainer angelegt werden soll.

Aus dem Namen der Delivery Unit wird automatisch der Name des Transportcontainers ermittelt. Wenn Sie in ABAP einen Präfixnamensraum verwenden, muss dieser in die Datenbanktabelle SNHI_VENDOR_MAPP eingetragen worden sein.

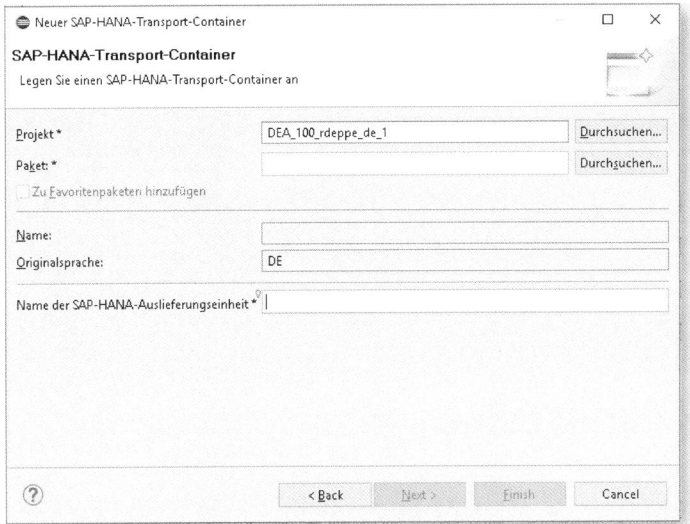

Abbildung 2.35: Anlage Transportcontainer

Gemäß den Transporteigenschaften des Paketes wird die Anlage des Transportcontainers in einem Transportauftrag aufgezeichnet. Alle Objekte der Delivery Unit werden bei der Anlage des Containers als gepackte Datei auf den ABAP-Applikationsserver geladen und in der Datenbanktabelle SNHI_DU_PROXY als Byte-String abgelegt. Somit ist der Inhalt der Delivery Unit zweimal vorhanden: sowohl im HANA Repository als auch in der Datenbanktabelle SNHI_DU_PROXY. Der Inhalt ist also einem Transportauftrag des ABAP-Applikationsservers zugeordnet und kann transportiert werden.

Wenn Sie an den Objekten des HANA-Repositories, die sich in dem Transportauftrag befinden, etwas geändert haben, müssen Sie den Transportcontainer manuell synchronisieren, indem Sie die Maus darauf positionieren und den Link TAKE SNAPSHOT AND SAVE anklicken.

Immer komplette Delivery Unit transportieren

Mit einem Transportcontainer übergeben Sie immer die komplette Delivery Unit. Sie können den Transport nicht auf einzelne geänderte Objekte einschränken. Auch werden die geänderten Objekte nicht exklusiv für einen Transportauftrag gesperrt.

Das Transportsystem erkennt keine Abhängigkeiten zwischen mehreren gleichzeitig transportierten Transportcontainern.

Zudem werden nur aktive Objekte transportiert.

2.9 ABAP-Erweiterungen seit Release 7.4 SP5

Wenn Sie dieses Buch aufmerksam gelesen haben, werden Sie festgestellt haben, dass die beschriebene Handhabung der HANA-Objekte sehr umständlich ist:

► Bei Änderungen der HANA-Objekte müssen deren ABAP-Proxies und Transportcontainer immer manuell synchronisiert werden.

► HANA-Entwicklungsobjekte sind nicht an die Versionsverwaltung angeschlossen.

► HANA-Objekte werden bei der Syntaxprüfung von ABAP-Programmen nicht überprüft, was häufig zu Laufzeitfehlern führt.

► HANA-Entwicklungsobjekte und ihre Proxies sind nicht erweiterbar.

► Die Abbildung von SQL-Datentypen auf ABAP-Datentypen muss manuell überwacht werden, weil sie nicht eindeutig ist.

Aus diesem Grund sind seit dem ABAP-Release 7.4 SP5 für mehrere HANA-Objekte gleichbedeutende ABAP-Objekte geschaffen worden, sodass Sie auf die beschriebenen HANA-Datenbankprozeduren und analytischen Views verzichten können, die in den Abschnitten 2.5 und 2.6 vorgestellt wurden. All die Vorteile der Native-SQL-Datenbankprogrammierung und des Code Pushdowns sind nun auch in normalen ABAP-Programmen möglich. Somit können Sie für diese Objekte die HANA-Funktionalität nutzen und dabei die Vorteile des ABAP Lifecycle Managements genießen.

2.9.1 Grundlagen der Core Data Services (CDS)

Core Data Services (CDS) ist eine von SAP geschaffene Möglichkeit zur Definition persistenter Datenmodelle. Dabei geht es um die Ausgestaltung der SQL-Verwendung, stark angelehnt an die Standards SQL-92 und SQL:1999. Sie haben die analytischen HANA-Views abgelöst.

CDS-Objekte gibt es sowohl für den ABAP-Applikationsserver (*ABAP CDS* genannt) als auch für SAP HANA (*HANA CDS* genannt). Die ABAP-CDS-Objekte sind weitgehend datenbankunabhängig. CDS-Objekte verwenden viele Funktionen, mit denen sich der Code Pushdown erreichen lässt.

2.9.2 ABAP CDS

Wenn in einem Unternehmen neue SAP-Funktionen eingeführt werden, ist SAP i. d. R. dort bereits mit umfangreichen Datenmodellen vorhanden. Darauf zielt ABAP CDS ab. Es geht v. a. um die Darstellung bereits existierender Geschäftsdaten und weniger um die Neuanlage von Datenbanktabellen.

Im ausgelieferten SAP S4/HANA gibt es umfangreiche CDS-Views, die solche Sichten auf vorhandene Geschäftsmodelle mit bereits existierenden Datenbanktabellen widerspiegeln. Das hat den Vorteil, dass Sie trotz der Umstellung auf eine andere Technik mit Ihren herkömmlichen Datenbanktabellen weiterarbeiten und dennoch alle Vorteile einer neuartigen Datenbank nutzen können.

ABAP-CDS-Objekte sind neue Objekte des ABAP Dictionarys. Sie enthalten umfangreiche Eigenschaften, deren Ergänzungen eine normale SQL erheblich erweitern.

Außerdem benötigen Sie keinen speziellen Zugang zur HANA-Datenbank mehr, keinen HANA-Benutzer und keine HANA-Berechtigungen.

CDS-Views

Im Gegensatz zu klassischen ABAP-Dictionary-Views werden die Abfragen für CDS-Views mit der Data Definition Language (DDL) der CDS-Spezifikation definiert. Eine solche Definition wird in eine *DDL Source* geschrieben, bei deren Aktivierung in ABAP die Abfrage als SQL-View in der Datenbank gespeichert wird. Zusätzlich werden die CDS-Metadaten im ABAP-Repository gespeichert, und für die View-Definition im ABAP-Repository-Puffer wird ein Eintrag erstellt. Für jede DDL Source erfolgt ein Eintrag in der Tabelle TADIR.

Neben DDL Sources und CDS-Views sollten Sie die folgenden Begriffe im Zusammenhang mit ABAP CDS kennen:

► *CDS-Objekt* ist der Oberbegriff für alle CDS-Artefakte, die in DDL Sources definiert werden können. Dazu gehören auch die CDS-Views.

► Eine *CDS-Entität* ist ein strukturierter Datentyp, dessen Daten persistent gespeichert werden. Ein CDS-View ist somit auch eine CDS-Entität. Für jede CDS-Entität erfolgt ebenso wie für DDL Sources ein Eintrag in der Tabelle TADIR. CDS-Entitäten werden nicht transportiert, sondern beim Aktivieren der DDL Sources vom System generiert.

► Der *SQL-View* ist die eigentliche Datenbanksicht, die für die Abfrage gespeichert wird. Er wird im ABAP Dictionary angelegt, unterscheidet sich von einem klassischen ABAP Dictionary View aber dadurch, dass er nur ein technisches Hilfsmittel ist und nicht direkt in ABAP-Programmen verwendet wird. Der SQL-View hat keinen Zugriff auf die CDS-spezifischen Metadaten und ist daher kein eigenständiges Objekt, sondern nur ein Teilobjekt des CDS-Views. Auch der SQL-View wird beim Aktivieren der DDL Source vom System generiert und nicht transportiert.

▶ Die Datenquelle (*Data Source*) ist die Persistenzschicht, die dem CDS-View zugrunde liegt. Als Datenquelle können Datenbanktabellen, klassische ABAP-Dictionary-Views, andere CDS-Views oder externe Views dienen.

Ein CDS-View wird in der ABAP-Perspektive von Eclipse angelegt. Mit der ABAP Workbench können Sie einen CDS-View nicht anlegen.

Im Folgenden legen wir zur Übung einen CDS-View an, der Daten aus SPFLI und SFLIGHT selektiert.

1. Gehen Sie auf der ABAP-Perspektive in den PROJEKT EXPLORER.

2. Markieren Sie ein Paket, und wählen Sie im Kontextmenü NEU • ANDERE ABAP-REPOSITORY-OBJEKT.

   Es öffnet sich ein Pop-up, wie Sie es in Abbildung 2.36 sehen.

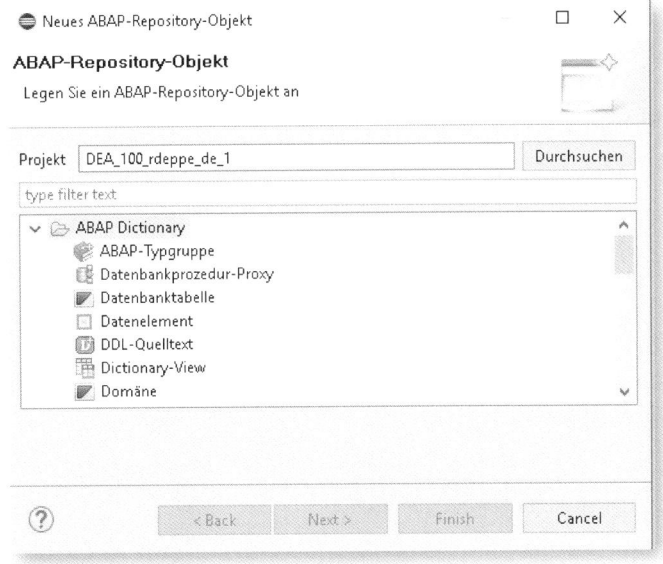

Abbildung 2.36: Auswahl DDL Source als anzulegendes Objekt

3. Markieren Sie im Ordner ABAP DICTIONARY den DDL-QUELLTEXT, und drücken Sie den Button NEXT.

4. Geben Sie im nächsten Pop-up (Abbildung 2.37) als NAMEN **ZDDL_FLIGHT** und als BESCHREIBUNG **Flüge** ein.

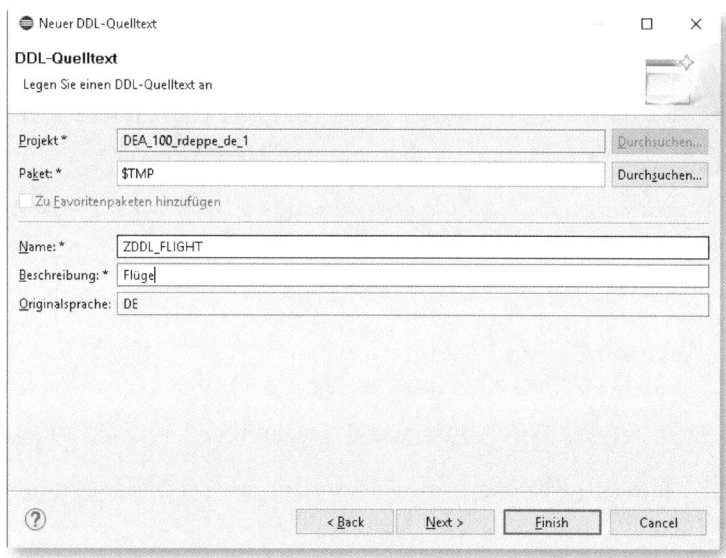

Abbildung 2.37: Anlage DDL Source

5. Drücken Sie den Button NEXT.

6. Als Nächstes müssen Sie einen Transportauftrag auswählen. Wenn Sie das Objekt im Paket **$TMP** anlegen, drücken Sie einfach den Button NEXT.

7. Im sich öffnenden Screen können Sie eine Vorlage für den View wählen (Abbildung 2.38), in diesem Fall entscheiden Sie sich für **Define View with Join**.

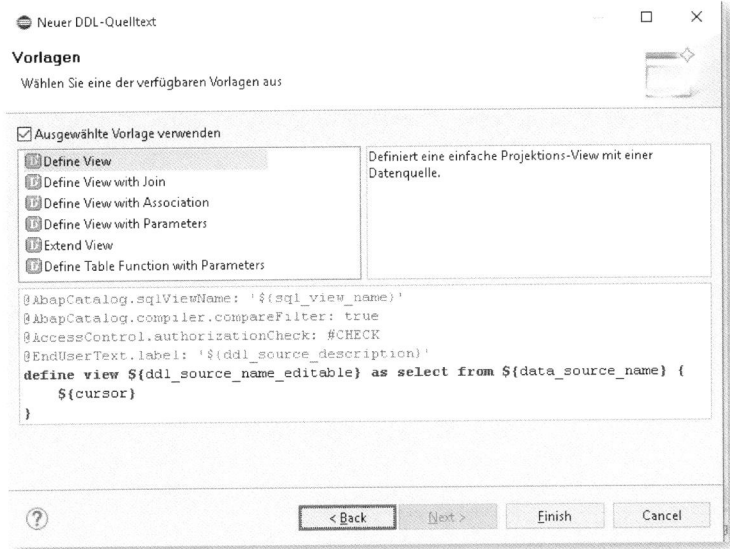

Abbildung 2.38: Auswahl DDL-Vorlage

8. Drücken Sie den Button FINISH.

Sie sollten jetzt das folgende Coding gemäß Listing 2.30 sehen:

```
@AbapCatalog.sqlViewName: 'sql_view_name'
@AbapCatalog.compiler.compareFilter: true
@AccessControl.authorizationCheck: #CHECK
@EndUserText.label: 'Flüge'
define view Zddl_Flight as select from data_source_name
left outer join joined_data_source_name
    on data_source_name.element_name =
joined_data_source_name.joined_element_name {

}
```

Listing 2.30: Anlage DDL Source und SQL-View

143

In diesem Listing wird ein gleichnamiger CDS-View ZDDL_FLIGHT angelegt. Sie könnten den Namen zwar ändern, aber für ein erleichtertes Erkennen zusammengehöriger Objekte ist es am sinnvollsten, wenn die Namen von DDL Source und CDS-View übereinstimmen.

Sie finden die DDL Source im PROJECT EXPLORER. Bis ABAP-Release 7.4 ist sie in Ihrem Paket-Ordner ABAP DICTIONARY, Unterordner ABAP-DDL-QUELLTEXTE, ab ABAP-Release 7.5 im Ordner CORE DATA SERVICES, Unterordner DATA DEFINITIONS.

Sie sehen im Listing des Editors mehrere Platzhalter:

- ▶ sql_view_name ist der Name des SQL-Views, wie er in SE11 zu sehen ist. Über die *Annotation* @AbapCatalog.sqlViewName wird der Name bekannt gemacht. In diesem Fall muss sich aber der Name des SQL-Views von dem des CDS-Views unterscheiden.

- ▶ Über define view gibt es den *Entitätsnamen* für den CDS-View.

- ▶ data_source_name und joined_data_source_name sind die Namen der Datenbanktabellen, die selektiert werden sollen.

- ▶ element_name und joined_element_name sind die Felder, die über die Joinverbindung miteinander verknüpft werden.

Mit der [Tab]-Taste können Sie von einem Platzhalter zum nächsten springen.

9. Füllen Sie den SQL_VIEW_NAME mit ZSQL_DDL_FLIGHTS.

10. Füllen Sie das Coding wie in Listing 2.31. Ändern Sie dabei die Join-Definition nach INNER JOIN.

```
@AbapCatalog.sqlViewName: 'ZSQL_DDL_FLIGHTS'
@AbapCatalog.compiler.compareFilter: true
@AccessControl.authorizationCheck: #CHECK
@EndUserText.label: 'Flüge'
define view Zddl_Flight as select from spfli
inner join sflight
    on  spfli.carrid = sflight.carrid
    and spfli.connid = sflight.connid {
  spfli.carrid,
  spfli.connid,
  spfli.cityfrom,
  spfli.cityto,
  sflight.fldate,
  sflight.price,
  sflight.currency
}
```

Listing 2.31: Füllung des CDS-Views

Die Felder zwischen den Klammern definieren die zu selektierenden Felder und somit auch die Struktur des Views.

1. Aktivieren Sie den View über den Button ⓘ oder die Tastenkombination Strg + F3.

2. Testen Sie den CDS-View durch Drücken des Buttons ◯ oder der Taste F8.

Vielleicht ist es Ihnen aufgefallen, dass wir bei der Selektion durch ABAP-CDS-Views keine Mandantenabfrage haben, was bei HANA-Objekten bekanntlich der Fall ist. Wir bewegen uns hier im ABAP-Bereich, und somit wird die Mandantenabfrage automatisch ergänzt.

Wenn Sie in Eclipse auf den Namen des SQL-Views im PROJECT EXPLORER im Ordner ABAP DICTIONARY im Ordner VIEWS des Paketes doppelklicken, kommen Sie auf die Anzeige des SQL-Views in SE11 (siehe Abbildung 2.39).

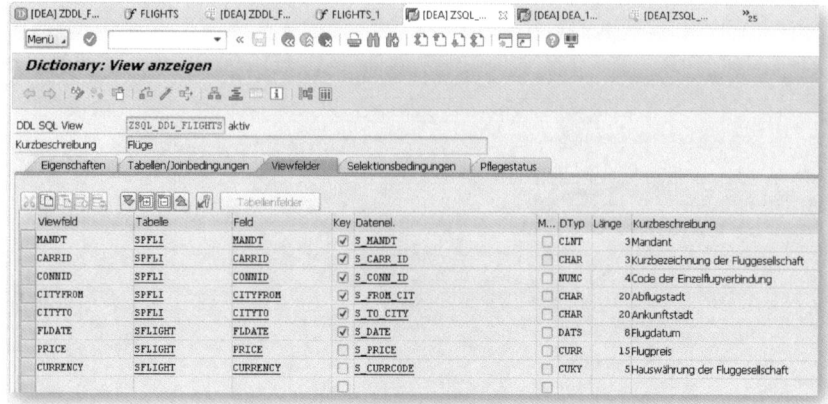

Abbildung 2.39: Darstellung des SQL-Views

Sie sehen in der Anzeige, dass das Mandantenfeld automatisch ergänzt wurde.

Sie können sich auch die generierte Select-Anweisung ansehen. Klicken Sie dazu in der Anzeige der SE11 auf den MENÜ-Button links oben, und wählen Sie ZUSÄTZE • CREATE-ANWEISUNG.

Sie können den View jetzt über den Namen des CDS-Views in jeder ABAP-Anwendung in einer SELECT-Anweisung aufrufen.

CDS-Views mit Assoziationen

Sie haben eben einen CDS-View angelegt, der über Join-Verbindungen Selektionen aus mehreren Datenbanktabellen durchführt. Mit diesem CDS-View könnten Sie schon arbeiten.

Allerdings kann ein Berater mit den technischen Feld- und Tabellennamen nicht immer etwas anfangen. Um die Beziehungen zwischen Datenbanktabellen nach außen transparenter zu gestalten, wurden die *Assoziationen (Associations)* mit sprechenden Namen ins Leben gerufen. Außerdem wird die Performance der HANA-Datenbank entsprechend einer Assoziation besser angepasst, sodass man schon aus Performancegründen auf die Assoziationsbeschreibung ausweichen sollte.

Im Folgenden werden wir drei CDS-Views anlegen:

1. Der erste CDS-View verbindet die Datenbanktabellen SPFLI und SFLIGHT über eine Assoziation,

2. der zweite verbindet den ersten CDS-View mit der Datenbanktabelle SBOOK, und

3. der dritte selektiert eine Auswahl aus dem zweiten CDS-View.

Wenn Sie die CDS-Views anlegen, können Sie im Vorlagenfenster (vgl. Abbildung 2.38) die Vorlage DEFINE VIEW WITH ASSOCIATION verwenden.

Im Listing 2.32 für den ersten CDS-View sehen Sie in der SELECT-Anweisung statt eines Joins eine Assoziation.

```
@AbapCatalog.sqlViewName: 'ZSQL_DDL_FLPLAN'
@AbapCatalog.compiler.CompareFilter: true
@AccessControl.authorizationCheck: #CHECK
@EndUserText.label: 'Flugplan'
define view Zddl_Flightplan as select from sflight
association [1..1] to spfli as Connection
    on  sflight.carrid = Connection.carrid
    and sflight.connid = Connection.connid {
  carrid,
  connid,
  fldate,
  price,
  currency,
  planetype,
  seatsmax,
  seatsocc,
  Connection // Make association public
}
```

Listing 2.32: Anlage eines Flugplans als CDS-View mit Assoziationen

Hinter der Assoziation ist die *Kardinalität* [1..1] bezeichnet, die sich zwischen den Datensätzen aus SFLIGHT und SPFLI ergibt. Eine Kardinalität beantwortet die Frage, wie viele Zeilen der rechten Tabelle einer Zeile der linken Tabelle entsprechen. Eine Kardinalität [0..1] oder abgekürzt [1] bedeutet, dass auf der rechten Seite keine oder eine Zeile übereinstimmt. Eine Kardinalität [1] ist gleichbedeutend mit [0..1], weil der Default-Wert 0 programmtechnisch ergänzt werden würde. Der Klarheit zuliebe sollte dieser Wert aber im Ausdruck mit erscheinen.

Für die Werte der Kardinalität gilt: Ein Stern (*) bedeutet beliebig viele Zeilen. »0« darf nur links, aber nicht rechts stehen. Ein Stern darf nur rechts, aber nicht links stehen.

Nur Assoziationen mit der Kardinalität [1] können beispielsweise in WHERE-Klauseln verwendet werden.

Für die Datenbanktabelle SPFLI wurde der Alias CONNECTION vergeben. Der Alias könnte auch entfallen.

Indem die Tabelle SFLIGHT bzw. der Alias FLIGHT auch zwischen die Klammern geschrieben wurden, erscheinen alle Felder dieser Tabelle auch in der Ausgabe des Views.

Selektionsliste

Alle Felder der ON-Bedingung müssen auch in der Selektionsliste erscheinen.

In Listing 2.33 wird ein CDS-View angelegt, der Daten aus der Datenbanktabelle SBOOK und dem Flugplan-CDS-View ausgibt.

```
@AbapCatalog.sqlViewName: 'ZSQL_DDL_BOOKING'
@AbapCatalog.compiler.CompareFilter: true
@AccessControl.authorizationCheck: #CHECK
@EndUserText.label: 'Buchung'
```

```
define view Zddl_Booking as select from sbook
association [1..1] to Zddl_Flightplan as Flightplan
   on  $projection.carrid = Flightplan.carrid
   and $projection.connid = Flightplan.connid
   and $projection.fldate = Flightplan.fldate {
   carrid,
   connid,
   fldate,
   bookid,
   customid,
   custtype,
   luggweight,
   wunit,
   class,
   loccuram,
   loccurkey,
   Flightplan // Make association public
}
```

Listing 2.33: Anlage von Buchungen als CDS-View mit Assoziationen und Bezug auf Flugplan-CDS-View

Hier wird der Begriff «$Projection» benutzt. Wie der vorherige Hinweis besagt, muss jedes Feld der ON-Bedingung auch in der Selektionsliste erscheinen. Mit «$Projection» rufen Sie in der ON-Bedingung eine Referenz zum entsprechenden Feld in der Selektionsliste auf, was die Performance verbessert.

In Listing 2.34 werden die Daten aus den zwei bisher angelegten CDS-Views selektiert und in einem dritten CDS-View ergänzt, indem man sich der Hierarchie bedient.

```
@AbapCatalog.sqlViewName: 'ZSQL_DDL_SELBOOK'
@AbapCatalog.compiler.CompareFilter: true
@AccessControl.authorizationCheck: #CHECK
@EndUserText.label: 'ausgewählte Buchungsdaten'
define view Zddl_Sel_Booking as select from Zddl_Booking as
Booking{
```

149

```
Booking.carrid,
Booking.connid,
Booking.Flightplan.Connection.cityfrom,
Booking.Flightplan.Connection.cityto,
Booking.fldate,
Booking.Flightplan.price
}
```

Listing 2.34: Anlage eines CDS-Views der aus dem Buchungs-CDS-View selektierten Buchungen

Präfixe bei der Benennung der Alias sollten Sie vermeiden. Wenn Sie mit Präfixen arbeiten wollen, weil es sonst Konflikte wegen Mehrfachbenennungen von Feldern gibt, sollten Sie sich auf einen Unterstrich als Präfix für die Aliasnamen beschränken. Auch SAP arbeitet so.

Standardmäßig wird immer eine INNER-JOIN-Verbindung verwendet, wenn sich die Assoziation in der FROM-Klausel befindet. Bei allen anderen Verwendungsorten handelt es sich um eine Left-Outer-Join-Verbindung.

Sie können beim Aufruf eines CDS-Views den Jointyp in der Verwendung ändern, indem Sie die Zielkardinalität und den Jointyp im Pfadausdruck mitgeben:

```
Booking.Flightplan[1: left outer].Connection.cityto
```

Sie können bei dieser Nennung der Assoziation nur die maximale Zielkardinalität angeben. Die Zielkardinalität kann zwar grundsätzlich auch entfallen, wird aber der Eindeutigkeit zuliebe empfohlen.

Es sind nur Inner-Join- oder Left-Outer-Join-Verbindungen möglich.

Wenn Sie einen CDS-View aufrufen, können Sie die Daten auch filtern. Der nachfolgende Filter bewirkt beispielsweise, dass nur die Fluggesellschaft LH selektiert wird.

```
Booking.Flightplan[1: inner where carrid =
'LH'].Connection.cityfrom
```

Sie haben aber auch die Möglichkeit, CDS-Views schon beim Design mit Parametern anzulegen, wenn Sie die Filterung wiederverwendbar anlegen möchten.

CDS-Views mit Parametern

CDS-Views mit Parametern werden ab Release 7.4 unterstützt.

```
@AbapCatalog.sqlViewName: 'ZSQL_DDL_SELBOPA'
@AbapCatalog.compiler.CompareFilter: true
@AccessControl.authorizationCheck: #CHECK
@EndUserText.label: 'ausgewählte Buchungsdaten'
define view Zddl_Sel_Booking_With_Param
with parameters p_carrid : abap.char(3),
                p_connid : abap.char(4)
as select from Zddl_Booking as Booking{
  Booking.carrid,
  Booking.connid,
  Booking.Flightplan.Connection.cityfrom,
  Booking.Flightplan.Connection.cityto,
  Booking.fldate,
  Booking.Flightplan.price
}
where Booking.carrid = $parameters.p_carrid
  and Booking.connid = $parameters.p_connid
```

Listing 2.35: CDS-View mit Eingangsparametern

In Listing 2.35 sehen Sie einen CDS-View mit Eingangsparametern. Mehrere Parameter werden durch ein Komma getrennt. Zur Parameterdefinition gehören der Name und der Typ. Der Typ muss immer skalar (keine Struktur oder Tabelle) sein und beginnt mit abap. Sie können auch Datenelemente als Parametertyp verwenden.

Sie sollten die Namen der Parameter stets mit P_ beginnen lassen, um sie klar als solche zu erkennen und gegenüber den anderen Elementen abzugrenzen.

Sie können die Parameter in jeder normalen SELECT-Anweisung verwenden. Allerdings müssen Sie die strengere SQL-Version verwenden, die seit Release 7.4 gilt. Das bedeutet, dass Sie Fluchtsymbole in Ihrer Selektion verwenden müssen. Außerdem werden die Parameter innerhalb einer Klammer aufgerufen (siehe Listing 2.36).

```
SELECT *
      FROM Zddl_Sel_Booking_With_Param(
          p_carrid = 'LH',
          p_connid = '0400' )
      INTO TABLE @DATA(lt_booking).
```

Listing 2.36: Selektionsaufruf für einen CDS-View

In ABAP 7.4 gibt es eine Syntaxwarnung, dass CDS-Views nicht von jeder Datenbankversion unterstützt werden. Wenn Sie diese Warnung unterbinden möchten, verwenden Sie den in Listing 2.37 gezeigten Aufruf.

```
SELECT *
      FROM Zddl_Sel_Booking_With_Param(
          p_carrid = 'LH',
          p_connid = '0400' )
      INTO TABLE @DATA(lt_booking)
      ##DB_FEATURE_MODE[VIEWS_WITH_PARAMETERS].
```

Listing 2.37: Selektionsaufruf für CDS-View mit Meldungsunterdrückung

Code Pushdown

Ich habe Sie schon einige Male darauf hingewiesen, dass es wesentlich sinnvoller ist, möglichst viele Berechnungen während der Selektion auf die Datenbank zu verlagern, als sie nach der Selektion innerhalb seines Programmes durchzuführen. Das System ist dann wesentlich performanter.

In Tabelle 2.2 bis Tabelle 2.7 stelle ich Ihnen die Funktionen und Anweisungen vor, die Sie für Berechnungen in Ihrer SELECT-Anweisung in ABAP CDS aufrufen können.

SELECT-Klausel	Verwendung
AS	gibt einen Alias für eine Datenbanktabelle an.
GROUP BY	in Verbindung mit Aggregationen (AVG, COUNT, MAX, MIN, SUM); gibt an, welche Zeilen mit gleichen Werten entsprechend aggregiert werden sollen; diese Zeilen gleicher Werte bilden eine Zeile in der Ergebnismenge.
HAVING	gibt Filterungen für die Ergebnismenge an, ist vergleichbar mit einer WHERE-Bedingung, wird aber **nach** dieser durchgeführt; in der HAVING-Klausel können im Gegensatz zur WHERE-Klausel auch Aggregatsfunktionen angegeben werden.
UNION	in Verbindung zweier SELECT-Anweisungen; bildet die Vereinigung der Ergebnisse dieser zwei SELECT-Anweisungen, dabei werden doppelt vorkommende Zeilen eliminiert.
UNION ALL	wie UNION, gibt aber doppelt vorkommende Zeilen aus; ist performanter als UNION und sollte deshalb bevorzugt werden, wenn man sicher weiß, dass es keine Duplikate gibt.
WHERE	gibt Filterbedingungen für die Ergebnismenge an.

Tabelle 2.2: Klauseln für SELECT-Anweisungen in ABAP CDS

Aggregatsfunktionen bilden ihren Wert aus einer Gruppe, die in der GROUP-BY-Klausel definiert ist.

153

Aggregatfunktionen	Verwendung
AVG(field) oder AVG(DISTINCT field)	gibt den Durchschnittswert für ein Feld in einer Gruppe an.
COUNT(*)	gibt die Anzahl der Zeilen einer Gruppe an.
COUNT(DISTINCT field)	gibt die Anzahl der Zeilen in einer Gruppe an, wobei doppelt vorkommende Zeilen nicht berechnet werden.
MIN(field)	gibt den minimalen Wert eines Feldes in einer Gruppe an.
MAX(field)	gibt den maximalen Wert eines Feldes in einer Gruppe an.
SUM(field) oder SUM(DISTINCT field)	gibt die Summe aller Werte eines Feldes in einer Gruppe aus; bei DISTINCT werden doppelt vorkommende Zeilen nicht berechnet.

Tabelle 2.3: Aggregatfunktionen für SELECT-Anweisungen in ABAP CDS

numerische Funktionen	Verwendung
ABS(expr)	gibt den Absolutbetrag des numerischen Ausdrucks expr an.
CEIL(expr)	gibt die kleinste ganze Zahl an, die größer oder gleich dem numerischen Ausdruck expr ist.
DIV(expr1, expr2)	gibt die Integer-basierte Division des numerischen Ausdrucks expr1 durch expr2 an.
DIVISION(expr1, expr2, dec)	gibt die dezimalbasierte Division des numerischen Ausdrucks expr1 durch expr2 an; das Ergebnis wird mit dec Nachkommastellen ausgegeben.

numerische Funktionen	Verwendung
FLOOR(expr)	gibt die größte ganze Zahl an, die kleiner oder gleich dem numerischen Ausdruck expr ist.
MOD(expr1, expr2)	teilt den numerischen Ausdruck expr1 durch expr2 und gibt den Rest an.
ROUND(expr, pos)	gibt den gerundeten Wert des numerischen Ausdrucks expr an; pos verweist auf die Position der Rundung relativ zum Dezimaltrennzeichen.

Tabelle 2.4: Numerische Funktionen für SELECT-Anweisungen in ABAP CDS

String-Funktionen	Verwendung
CONCAT(expr1, expr2)	verknüpft die Zeichenketten aus den String-Ausdrücken expr1 und expr2.
LPAD(expr, len, literal)	füllt die rechtsbündige Zeichenkette aus dem String-Ausdruck expr mit den Zeichen aus literal bis zur Länge len von links auf.
REPLACE(expr1, expr2, expr3)	ersetzt alle Vorkommnisse der Zeichenkette expr2 in der Zeichenkette expr1 durch den Inhalt von expr3.
SUBSTRING(expr, pos, len)	gibt einen Teil der Zeichenkette aus dem String-Ausdruck expr an; pos gibt die Position des Beginns des Teilstücks in der Zeichenkette an, len bestimmt die Länge des Teilstücks.

Tabelle 2.5: String-Funktionen für SELECT-Anweisungen in ABAP CDS

155

weitere Funktionen	Verwendung
CAST(expr AS type)	Konvertierung des Ergebnistyps des Ausdrucks expr in den angegebenen Dictionarytyp type; die Dictionarytypen werden mit dem Präfix abap angegeben, z. B. abap.int4 oder abap.char(4).
COALESCE(expr1, expr2)	gibt den Wert des Ausdrucks expr1 zurück, sofern dieser ungleich NULL ist; ansonsten wird der Wert des Ausdrucks expr2 ausgegeben.
CURRENCY_CONVERSION(...)	führt eine Währungskonvertierung durch.
DECIMAL_SHIFT(...)	setzt das Dezimaltrennzeichen eines Wertes gemäß der angegebenen Währung.
UNIT_CONVERSION(...)	führt eine Einheitenkonvertierung durch.

Tabelle 2.6: Weitere Funktionen für SELECT-Anweisungen in ABAP CDS

Außerdem können verschiedene Operatoren in den SELECT-Anweisungen verwendet werden.

Operatorenart	Operatoren	Verwendung
arithmetische Operatoren	+, -, *, /	für Berechnungen
Boolesche Operatoren	AND, OR, NOT	AND und OR verknüpfen logische Ausdrücke. NOT kehrt das Ergebnis ins Gegenteil um.
Vergleichs-operatoren	=, <>, <, >, <=, >=, BETWEEN, LIKE, IS NULL, IS NOT NULL	Vergleicht zwei Ausdrücke miteinander. IS NULL und IS NOT NULL können nur in WHERE-Klauseln verwendet werden.

Tabelle 2.7: Operatoren für SELECT-Anweisungen in ABAP CDS

Die hier vorgestellten Operatoren und Funktionen sind nicht nur in ABAP-CDS-Objekten, sondern auch in den SQL-Ausdrucken der normalen ABAP-Programme verwendbar.

In Listing 2.38 und Listing 2.39 können Sie sich ein Bild von der Verwendung dieser Operatoren und Funktionen machen.

```
@AbapCatalog.sqlViewName: 'ZSQL_DDL_BOCL'
@AbapCatalog.compiler.CompareFilter: true
@AccessControl.authorizationCheck: #CHECK
@EndUserText.label: 'Buchungsklasse'
define view Zddl_Booking_Class
with parameters p_Booking_Class : abap.char( 1 )
as select from sbook as booking
inner join sflight as flight
    on booking.carrid = flight.carrid
    and booking.connid = flight.connid
    and booking.fldate = flight.fldate
{
    key booking.carrid,
    key booking.connid,
    key booking.fldate,
    case $parameters.p_Booking_Class
        when 'Y' //Economy Class
            then flight.seatsocc
        when 'C' //Business Class
            then flight.seatsocc_b
        else //First Class
            flight.seatsocc_f
    end as count_Occupied_Seats,
    count( * ) as count_Bookings
}
where booking.cancelled <> 'X'
  and booking.class = $parameters.p_Booking_Class
group by
    booking.carrid,
    booking.connid,
    booking.fldate,
    booking.class,
```

```
      flight.seatsocc,
      flight.seatsocc_b,
      flight.seatsocc_f
having
      //Occupied seats < number of bookings
      ( booking.class = 'Y'
        and flight.seatsocc < count( * ) )
      or ( booking.class = 'C'
        and flight.seatsocc_b < count( * ) )
      or ( booking.class = 'F'
        and flight.seatsocc_f < count( * ) )
```

Listing 2.38: ABAP-CDS-View mit in die SELECT-Anweisung einge-
bauten Funktionen

In Listing 2.38 finden umfassende Berechnungen in der SELECT-
Anweisung für die Sitzplatzbelegungen statt. Der CDS-View hat einen
Eingangsparameter P_BOOKING_CLASS. Mit KEY werden Schlüs-
selfelder definiert, was Sie bei jedem CDS-View machen sollten. Die
Schlüsselfelddefinition hat für den View zwar nur deklaratorischen
Charakter, kann aber dann von anderen Programmen wie z. B. ALV
erkannt werden. In der CASE-Syntax werden Felder abhängig von der
eingegebenen Buchungsklasse selektiert.

```
@AbapCatalog.sqlViewName: 'ZSQL_DDL_BOCH'
@AbapCatalog.compiler.CompareFilter: true
@AccessControl.authorizationCheck: #CHECK
@EndUserText.label: 'Buchungsprüfung'
define view Zddl_Booking_Check as
select from
    Zddl_Booking_Class( p_Booking_Class: 'Y' )
{
    key carrid,
    key connid,
    key fldate,
    cast('ECONOMY' as abap.char( 8 )) as class,
    count_Bookings,
    count_Occupied_Seats,
```

```
            abs(count_Bookings - count_Occupied_Seats)
                as difference
    }
    union all
        select from Zddl_Booking_Class( p_Booking_Class: 'C' )
    {

        carrid,
        connid,
        fldate,
        'BUSINESS' as class,
        count_Bookings,
        count_Occupied_Seats,
        abs(count_Bookings - count_Occupied_Seats)
            as difference
    }
    union all
        select from Zddl_Booking_Class( p_Booking_Class: 'F' )
    {

        carrid,
        connid,
        fldate,
        'FIRST' as class,
        count_Bookings,
        count_Occupied_Seats,
        abs(count_Bookings - count_Occupied_Seats)
            as difference
    }
```

Listing 2.39: CDS-View mit UNION ALL und anderen Funktionen

In Listing 2.39 werden drei Selektionen des CDS-Views aus Listing 2.38 durchgeführt und mit UNION ALL vereinigt. Wir verwenden UNION ALL, weil wir keine Duplikate erwarten, da jede Selektion die Daten aus einer anderen Buchungsklasse ermittelt. In jeder Selektion geben wir ein eigenes zusätzliches Feld CLASS für die Ausgabeliste an und füllen es mit einem Wert (ECONOMY, BUSINESS, FIRST). Das System ermittelt die Ausgabefelder ausschließlich aus der SELECT-Liste der ersten Selektion. Deshalb führen wir nur dort für das CLASS-Feld ein Casting durch, damit das System den richtigen

159

Ausgabetyp bekommt. Wichtig für die Vereinigung ist, dass jede Selektion die gleiche Anzahl an zu selektierenden typgleichen Feldern besitzt.

Weitere neue Funktionen in ABAP-Release 7.5

 In ABAP-Release 7.5 stehen Ihnen außerdem folgende neue Funktionen zur Verfügung:

String-Funktionen: CONCAT_WITH_SPACE, INSTR, LEFT, LENGTH, LTRIM, RIGHT, RPAD, RTRIM

Byte-Ketten-Funktionen: BINTOHEX, HEXTOBIN

Datums- und Zeitfunktionen: DATS_DAYS_BETWEEN, DATS_ADD_DAYS, DATS_ADD_MONTHS, DATS_IS_VALID, TIMS_IS_VALID, TSTMP_IS_VALID, TSTMP_CURRENT_UTCTIMESTAMP, TSTMP_SECONDS_BETWEEN, TSTMP_ADD_SECONDS

Es ist zu erwarten, dass sich die Anzahl neuer Funktionen in der Zukunft noch weiter erhöhen werden.

Erweiterungen vorhandener ABAP-CDS-Views

Vorhandene ABAP-CDS-Views können über ein Erweiterungsmanagement ergänzt werden. Dabei werden zusätzliche Felder als *Append View* an die SQL-Views angehängt, ähnlich einer Append-Struktur für Tabellen und Strukturen. Diese weiteren Felder können normale Struktur- oder berechnete Felder sein.

Die Erweiterungen werden in einer eigenen DDL Source angelegt. Wenn Sie bei der Anlage auf das Vorlage-Pop-up (Abbildung 2.38) kommen, wählen Sie hier den EXTEND VIEW aus.

In Listing 2.40 wird über die Anweisung EXTEND VIEW an einen vorhandenen CDS-View ZDDL_BOOKING (Listing 2.33) eine Erweiterung ZDDL_ENHANCEMENT gehängt. In die Annotation @AbapCatalog.sqlViewAppendName wird der Name des Append Views eingetragen, in diesem Fall ZSQL_ENHANCE.

```
@AbapCatalog.sqlViewAppendName: 'ZSQL_ENHANCE'
@EndUserText.label: 'Erweiterung'
extend view ZDDL_BOOKING with Zddl_Enhancement {
    sbook.order_date,
    CEIL( sbook.luggweight ) as zzluggweight
}
```

Listing 2.40: Erweiterung eines vorhandenen ABAP-CDS-Views

Die Erweiterung besteht aus zwei Feldern, wobei das zweite ein berechnetes Feld ist. Weil das Feld LUGGWEIGHT im CDS-View bereits existiert, gibt es einen neuen Namen ZZLUGGWEIGHT.

In Abbildung 2.40 sehen wir den erweiterten SQL-View des CDS-
Views.

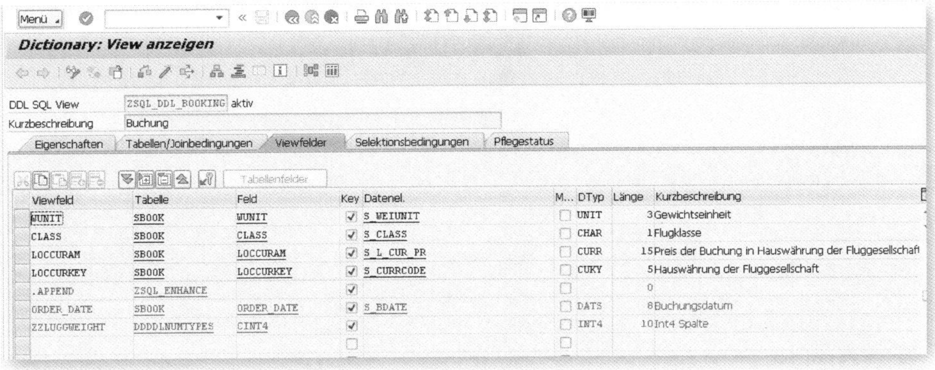

Abbildung 2.40: Erweiterter SQL-View des CDS-Views

Eine Erweiterung ist immer genau einem CDS-View zugeordnet, aber
ein CDS-View kann mehrere Erweiterungen besitzen.

Parameter, Assoziationen, Join-Verbindungen und Aggregatsfunktionen sind in einer Erweiterung nicht möglich. Auch CDS-Views mit
einer GROUP BY- oder UNION-Klausel können nicht erweitert werden.

Erweiterte CDS-Views werden im Editor mit einer Markierung ge-kennzeichnet (siehe Abbildung 2.41).

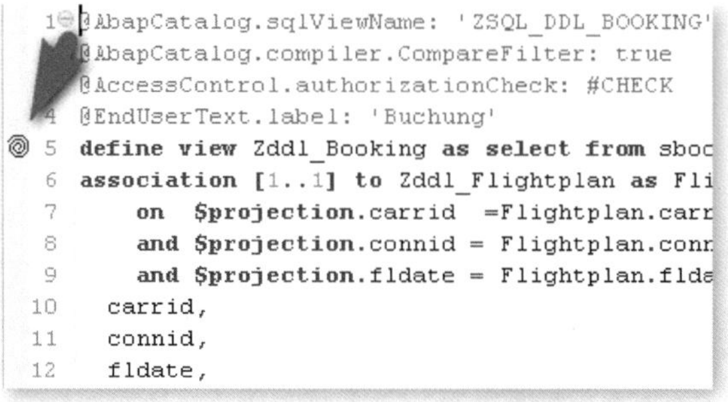

```
 1  @AbapCatalog.sqlViewName: 'ZSQL_DDL_BOOKING'
    @AbapCatalog.compiler.CompareFilter: true
    @AccessControl.authorizationCheck: #CHECK
 4  @EndUserText.label: 'Buchung'
 5  define view Zddl_Booking as select from sboc
 6  association [1..1] to Zddl_Flightplan as Fli
 7      on  $projection.carrid =Flightplan.carr
 8      and $projection.connid = Flightplan.conr
 9      and $projection.fldate = Flightplan.flde
10    carrid,
11    connid,
12    fldate,
```

Abbildung 2.41: Kennzeichnung erweiterter CDS-Views

Wenn Sie auf die Markierung klicken, werden Ihnen die vorhandenen Erweiterungen als Link in einem Pop-up angezeigt. Durch den Klick auf diesen Link gelangen Sie in die Erweiterung.

Sie können sich die Eigenschaften des CDS-Views (Felder und deren Eigenschaften sowie Erweiterungen) auch über die ELEMENT INFO ansehen. Positionieren Sie die Maus im Editor auf dem Namen des CDS-Views in der DDL Source, und drücken Sie die F2 -Taste.

Annotationen für CDS-Views

Als *Annotationen* bezeichnen wir die Eingabemöglichkeiten für die technische Umsetzung der CDS-Views (z. B. Pufferung, Texte, Refe-renzfelder für Beträge und Mengeneinheiten). Es sind die Einstellun-gen, die Sie auch für gewöhnliche Views eingeben. Sie haben z. B. schon die Annotationen AbapCatalog.sqlViewName, AbapCatalog. compiler.CompareFilter, AccessControl. authorizationCheck und EndUserText.label kennengelernt.

In einer DDL Source wird den Annotationen immer das @-Zeichen vorangestellt.

162

Jede Art von Annotation hat einen Sichtbarkeitsbereich (*Scope*). Es gibt einen Scope View (für einen View), einen Scope Extend View (für eine Erweiterung) und ein Scope-Element (für ein Element [Feld] des Views). Die Annotationen des Scope Views müssen immer vor der Anweisung `Define View` und Annotationen des Scope Extend Views stets vor der Anweisung `Extend View` stehen. Annotationen des Scope-Elements sollten immer direkt vor dem Element stehen. Man kann diese zwar auch dahinterstellen (mit dem Präfix @<), das entspricht aber nicht den SAP-Richtlinien.

Tabelle 2.8 bis Tabelle 2.10 zeigen die derzeit zur Verfügung stehenden Annotationen.

View-Annotationen	gültige Werte	Default-Wert bei Verwendung	Wirkung
`AbapCatalog.` `sqlViewName`	String-Literal mit maximal 16 Zeichen		Angabe des SQL-View-Namens

`AbapCatalog.`
`compiler.`
`compareFilter`
	`true, false`	`true`	Vergleich von Annotationsfiltern und Optimierung von SQL-Joins

`AbapCatalog.`
`buffering.`
`status`
	`#ACTIVE,`
	`#SWITCHED_OFF`
	`,`
	`#NOT_ALLOWED`
		`#SWITCHED_OFF`	bestimmt, ob der View gepuffert ist oder sein darf

`AbapCatalog.`
`buffering.type`
	`#SINGLE,`
	`#GENERIC,`
	`#FULL, #NONE`
		`#NONE`	bestimmt die Pufferungsart

`AbapCatalog.`
`buffering.`
`numberOfKeys`
	Integer-Wert zwischen 0 und der Anzahl der Schlüsselfelder minus 1	0	definiert die Anzahl der Schlüsselfelder bei generischer Pufferung

View-Annotationen	gültige Werte	Default-Wert bei Verwendung	Wirkung
ClientDependent	true, false	true	definiert einen View als mandantenabhängig
EndUserText.Label	String-Literal mit maximal 60 Zeichen		Angabe eines übersetzbaren Kurztextes für den CDS-View

Tabelle 2.8: View-Annotationen

	gültige Werte	Default-Wert bei Verwendung	Wirkung
AbapCatalog.sqlViewAppendName	String-Literal mit maximal 16 Zeichen		Angabe des Append-View-Namens

Tabelle 2.9: View-Erweiterungen-Annotationen

	gültige Werte	Default-Wert bei Verwendung	Wirkung
EndUserText.Label	String-Literal mit maximal 60 Zeichen		gibt einen übersetzbaren Kurztext für das Element an
EndUserText.quickInfo	String-Literal mit maximal 100 Zeichen		gibt einen übersetzbaren Tooltip für das Element an
Semantics.currencyCode	true, false	true	kennzeichnet das Feld als Währungsschlüssel

164

	gültige Werte	Default-Wert bei Verwendung	Wirkung
Semantics. amount. currencyCode	Feldname eines Währungs- schlüssels		kennzeichnet das Feld als Wäh- rungsfeld und ordnet ihm einen Währungs- schlüssel zu
Semantics. unitOfMeasure	true, false	true	kennzeichnet das Feld als Mengenein- heitsschlüssel
Semantics. quantity. unitOfMeasure	Feldname eines Einheiten- schlüssels		kennzeichnet das Feld als Mengenfeld und ordnet ihm einen Mengeneinheits- schlüssel zu

Tabelle 2.10: Element-Annotationen

In Listing 2.41 sehen Sie einen CDS-View mit vielen Annotationen. Entsprechend sollten Sie Ihre CDS-Views ausfüllen.

```
@AbapCatalog.sqlViewName: 'ZSQL_ANNOTAT'
@AbapCatalog.compiler.CompareFilter: true
@AccessControl.authorizationCheck: #CHECK
@AbapCatalog.Buffering.status: #ACTIVE
@AbapCatalog.Buffering.type: #FULL
@EndUserText.label: 'Annotationen'
define view Zddl_Annotations as select from spfli {
    @EndUserText.label: 'Airline'
    key carrid,

    @EndUserText.label: 'Connection'
    key connid,

    @EndUserText.label: 'City from'
```

```
cityfrom,

@EndUserText.label: 'City to'
cityto,

@EndUserText.label: 'Distance'
@Semantics.quantity.unitOfMeasure: 'distid'
distance,

@EndUserText.label: 'Measure of distance'
@Semantics.unitOfMeasure: 'true'
distid
}
```

Listing 2.41: CDS-View mit Annotationen

Sonstiges zu ABAP-CDS-Views

Sie können einen ABAP-CDS-View über seinen CDS-View-Namen in Open-SQL-Anweisungen, ABAP-Frameworks und als Datenquelle für andere CDS-Views verwenden.

Er lässt sich zwar als eigenständiger Datentyp in ABAP-Programmen nutzen, es ist aber nicht möglich, auf Basis seiner Struktur einen Tabellentyp anzulegen.

Sie können sich seine Daten im neuen *SAP List Viewer with Integrated Data Access* (ALV with IDA) anzeigen lassen. Dieser ALV ist besonders performant ausgerichtet, weil alle ALV-Funktionen wie Sortieren, Filtern u. a. direkt auf der Datenbank ausführbar sind.

Der ALV with IDA kann neben der SAP HANA auch auf klassischen Datenbanken verwendet werden. Mit der statischen Methode DB_CAPABILITIES der Klasse CL_SALV_GUI_TABLE können Sie prüfen, welche Funktion sich mit Ihrer Datenbank nutzen lässt.

```
DATA(go_alv_display) =
cl_salv_gui_table_ida=>create_for_cds_view(
                    CONV #( 'ZDDL_ANNOTATIONS' ) ).
go_alv_display->fullscreen( )->display( ).
```

Listing 2.42: Anzeige eines ABAP CDS-Views im ALV with IDA

In Listing 2.42 wird der CDS-View ZDDL_ANNOTATIONS im ALV with IDA angezeigt.

Sie können im ALV with IDA auch einen CDS-View mit Parametern anzeigen lassen. Setzen Sie dazu die Parameter mit der Interface-Methode IF_SALV_GUI_TABLE_IDA~SET_VIEW_PARAMETERS.

Weitere Informationen zu ALV with IDA

Ausführliche Informationen über die Arbeit mit dem SAP List Viewer with Integrated Data Access finden Sie im SAP Help Portal *http:/help.sap.com* unter dem Stichwort »ALV with IDA«.

Wenn sich der CDS-View nicht aktivieren lässt, sehen Sie sich das Aktivierungsprotokoll an. Sie finden es über das Menü NAVIGATE • OPEN ACTIVATION LOG in der Anzeige der DDL Source. Wenn Sie zu einem bestimmten Log nähere Informationen haben möchten, drücken Sie gleichzeitig die [Strg]-Taste und den Hyperlink. Suchen Sie nach dem Wort »Error«. Aktivieren Sie dazu die Such-Werkzeugleiste über die Schaltfläche SHOW SEARCH TOOLBAR.

2.9.3 HANA CDS

So wie für ABAP-Programme ABAP-CDS-Objekte entwickelt wurden, hat SAP auch für die HANA-Datenbank HANA-CDS-Objekte geschaffen, die direkt im SAP HANA Studio modelliert werden.

Sie haben im vorigen Abschnitt sicherlich schon festgestellt, dass ABAP CDS eine sehr breite Palette an Möglichkeiten bietet, mit Datenbanktabellen umzugehen. Deshalb spielen die HANA-CDS-Objekte nur noch eine untergeordnete Rolle. Der Vollständigkeit halber will ich aber kurz auf diese eingehen.

ABAP CDS ist dafür gedacht, Views auf Datenbanktabellen anzulegen. Mit HANA CDS können folgende Objekte erzeugt werden:

▶ Datenbanktabellen,

▶ SQL-Views,

▶ Assoziationen,

▶ skalare (einfache) und strukturierte Datentypen.

HANA-CDS-Objekte werden mithilfe einer Datei angelegt. Eine Datei kann mehrere CDS-Objekte generieren.

Im Folgenden legen wir zwei Strukturen, zwei Datenbanktabellen und einen View an:

1. Öffnen Sie das SAP HANA STUDIO, und gehen Sie auf die Perspektive SAP HANA DEVELOPMENT.

2. Gehen Sie im Project Explorer auf das Register REPOSITORIES.

3. Setzen Sie den Cursor auf den Ordner, in welchem Sie die Datei speichern möchten.

4. Drücken Sie die rechte Maustaste, und wählen Sie im Kontextmenü NEW • OTHER.

5. Im sich öffnenden Pop-up wählen Sie über SAP HANA • DATABASE DEVELOPMENT den Eintrag **DDL Source File**.

6. Drücken Sie den Button NEXT.

7. Geben Sie im nächsten Pop-up den Dateinamen im Feld FILE NAME an, z. B. **CustomerSelection**.

8. Drücken Sie den Button FINISH.

Sie befinden sich jetzt im Editor der HANA-CDS-Datei.

9. Geben Sie den Code aus Listing 2.43 ein.

```
namespace Test;

@Schema: 'RDEPPE'
context CustomerSelection {

  type StreetAddress {
    name    : String(80);
    number : Integer;
  };

  type CountryAddress {
    name : String(80);
    code : String(3);
  };

  @Catalog.tableType : #COLUMN
  entity Address {
    key id   : Integer;
    street   : StreetAddress;
    zipCode : Integer;
    city     : String(80);
    country : CountryAddress;
    type     : String(10); // home, office
  };

  @Catalog.tableType : #COLUMN
  define entity Partner {
    key id       : Integer;
    addressId    : Integer;
    role         : String(3);
    companyName : String(80);
    _Address     : association[1] to Address
    on addressId = _Address.id;
  };
```

```
define view Customer as select from Partner {
  key id,
  'CUSTOMER' as role,
  companyName,
  _Address.street,
  _Address.countryCode
  } where role = '03';


};
```

Listing 2.43: Code einer HANA-CDS-Datei

10. Aktivieren Sie die Datei mit dem Button .

Listing 2.43 wird wie folgt interpretiert: In NAMESPACE steht der Name des Ordners, in dem Sie die Datei angelegt haben. Mit @SCHEMA definieren Sie, in welchem Katalogschema die CDS-Objekte, die im Editor definiert sind, angelegt werden. Als anzulegende CDS-Objekte haben wir die beiden Strukturen STREETADDRESS und COUNTRYA-DDRESS definiert. Außerdem werden zwei Datenbanktabellen ADDRESS und PARTNER als Column Store generiert, wobei PARTNER die ADDRESSe assoziiert. Schließlich wird ein View CUSTOMER angelegt, der die Daten aus der Datenbanktabelle PARTNER selektiert, aber nur die Datensätze, bei denen ROLE = 03 ist.

HANA CDS im SAP Help Portal

Weitere Informationen zu HANA CDS erhalten Sie im SAP Help Portal *http://help.sap.com*. Geben Sie dort »HANA CDS« in das Suchfeld ein.

2.9.4   ABAP-Datenbankprozeduren

Das mit dem Release 7.4 SP5 eingeführte ABAP Managed Database Procedure Framework (AMDP Framework) ist eines, das die Funktionalitäten der SAP-HANA-Datenbankprozeduren in die Entwicklung der ABAP-Umgebung verlagert. ABAP-Datenbankprozeduren dienen dazu, Berechnungen im Rahmen des Code Pushdowns, die mit CDS-Views nicht mehr realisiert werden können, in die Datenbankschicht zu verlagern. Die in Abschnitt 2.5.1 vorgestellten HANA-Datenbankprozeduren benötigen Sie nicht mehr.

Damit sind alle Vorteile, die die ABAP-Umgebung gegenüber der HANA-Umgebung hat, auch für die Entwicklung von Datenbankprozeduren zugänglich. Ein spezieller HANA-Zugang, HANA-Benutzer und extra HANA-Berechtigungen sind somit obsolet. Genießen Sie den vollen ABAP-Komfort, den Sie aus den normalen ABAP-Programmen kennen. Es gibt jedoch zwei Zugeständnisse, die Sie im Vergleich zu Ihren gewohnten ABAP-Programmen machen müssen: Zum einen müssen die ABAP-Datenbankprozeduren in SQLScript programmiert werden. Eine Einführung in SQLScript haben Sie in Abschnitt 2.5 erhalten. Zum anderen können Sie Ihre AMDP-Objekte nicht in der ABAP Workbench bearbeiten, sondern benötigen die ABAP-Perspektive von Eclipse.

Die Implementierung von ABAP-Datenbankprozeduren erfolgt mithilfe von ABAP-Klassen, in denen die Datenbankprozeduren und ihre Parameterschnittstellen als spezielle ABAP-Methoden (*AMDP-Methoden*) modelliert werden. Die Verarbeitungslogik innerhalb einer AMDP-Methode wird in SQLScript implementiert.

AMDP-Klassen müssen das Interface `IF_AMDP_MARKER_HDB` implementieren. Das Interface selbst hat keine Methoden und ist schreibgeschützt.

Im Folgenden legen wir die HANA-Datenbankprozedur FLIGHTS aus Listing 2.17 als ABAP-Datenbankprozedur an.

1. Wählen Sie in der ABAP-Perspektive ein Paket, in welchem das Objekt angelegt werden soll.

2. Wählen Sie im Kontextmenü NEU • ABAP-KLASSE.

3. Vergeben Sie einen NAMEN, in diesem Fall **ZCL_FLIGHTS_AMDP**, und geben Sie eine BESCHREIBUNG ein. Beachten Sie den Kundennamensraum!

4. Drücken Sie den Button FINISH.

5. Geben Sie das Listing 2.44 ein.

```
CLASS zcl_flights_amdp DEFINITION
  PUBLIC
  FINAL
  CREATE PUBLIC.

  PUBLIC SECTION.
    INTERFACES: if_amdp_marker_hdb.

    TYPES: BEGIN OF type_flights,
           carrid TYPE s_carr_id,
           connid TYPE s_conn_id,
         END OF type_flights.
    TYPES tt_flights TYPE STANDARD TABLE OF type_flights.

    METHODS: get_flights
      IMPORTING
        VALUE(iv_mandt)   TYPE mandt
        VALUE(iv_carrid)  TYPE s_carr_id
      EXPORTING
        VALUE(et_flights) TYPE tt_flights.
ENDCLASS.


CLASS zcl_flights_amdp IMPLEMENTATION.
  METHOD get_flights
        BY DATABASE PROCEDURE
        FOR HDB LANGUAGE SQLSCRIPT
        OPTIONS READ-ONLY USING sbook.
    lt_sbook = SELECT carrid, connid, customid
                    FROM sbook
                    WHERE mandt  = :iv_mandt
                      AND carrid = :iv_carrid;

    et_flights = SELECT carrid, connid
```

```
                        FROM :lt_sbook
                        WHERE carrid = 'LH';
    ENDMETHOD.
ENDCLASS.
```

Listing 2.44: AMDP-Klasse

Alle Parameter der AMDP-Methode müssen VALUE-Parameter sein. Es gibt Import-, Export- und Changing-, aber keine Returning-Parameter.

Die Implementierung aller AMDP-Methoden muss mit BY DATABASE PROCEDURE FOR HDB LANGUAGE SQLSCRIPT beginnen. Die Option READ-ONLY ist optional, sollte aber gewählt werden, wenn die Prozedur nur lesende Datenbankzugriffe ausführt. Dementsprechend muss die Option bei schreibenden Datenbankzugriffen entfallen. Hinter USING erfolgt die Angabe aller DDIC-Objekte und aller anderen AMDPs, auf die in der Methode zugegriffen wird.

In der Methode können folgende Ausnahmen der Basisklasse CX_AMDP_ERROR auftreten:

▶ CX_AMDP_CREATION_ERROR: Fehler bei der Anlage der Prozedur,

▶ CX_AMDP_CONNECTION_ERROR: Fehler bei der Datenbankverbindung während der Anlage oder Ausführung der Prozedur,

▶ CX_AMDP_EXECUTION_ERROR: Fehler bei der Ausführung der Prozedur,

▶ CX_AMDP_VERSION_ERROR: Fehler bei der AMDP-Versionsverwaltung.

Sie haben jetzt zunächst nur das Coding erzeugt. Angelegt wird die Klasse erst bei der ersten Ausführung der AMDP-Methode im Standardschema des ABAP-Systems. Der Name des Standardschemas ist SAP<SID>. Hier finden Sie die AMDP-Klasse im Ordner PROCEDURES.

173

Listing 2.45 zeigt Ihnen den Aufruf einer AMDP-Methode aus einem ABAP-Programm. Sie kann auch aus einer anderen AMDP-Methode aufgerufen werden, muss dann aber in der aufrufenden AMDP-Methode hinter der USING-Klausel angegeben werden.

```
TRY.
    DATA(go_flights) = NEW zcl_flights_amdp( ).
    go_flights->get_flights(
      EXPORTING
        iv_mandt  = sy-mandt
        iv_carrid = 'AA'
      IMPORTING
        et_flights = DATA(gt_flights)
      ).
  CATCH cx_amdp_error INTO DATA(gx_error).
    WRITE |{ gx_error->get_text( ) }|.
ENDTRY.
```

Listing 2.45: Aufruf einer AMDP-Methode aus einem ABAP-Programm

In Listing 2.46 sehen Sie, wie eine AMDP- aus einer anderen AMDP-Methode aufgerufen wird. Die Parameter werden ohne Nennung der expliziten Ausdrücke EXPORTING, IMPORTING oder CHANGING aufgerufen.

```
METHOD call_get_carriers
       BY DATABASE PROCEDURE FOR HDB
       LANGUAGE SQLSCRIPT
       USING cl_demo_amdp_changing=>get_carriers.
   call "CL_DEMO_AMDP_CHANGING=>GET_CARRIERS"(
       CARRIERS__IN__  => :CARRIERS,
       CARRIERS        => :CARRIERS );
ENDMETHOD.
```

Listing 2.46: Aufruf einer AMDP mit CHANGING-Parametern aus einer anderen AMDP

In Listing 2.46 sehen wir auch, wie CHANGING-Parameter aufgerufen werden. Sie bestehen immer aus zwei Namen: dem eigentlichen Namen (in diesem Fall CARRIERS) und dem Namen mit Suffix __IN__ (in diesem Fall CARRIERS__IN__).

2 Unterstriche

 Achten Sie darauf, dass bei __IN__ **jeweils 2** Unterstriche vor und nach dem IN stehen.

Listing 2.47 zeigt uns die Behandlung der CHANGING-Parameter in der AMDP-Methode.

```
METHOD get_carriers BY DATABASE PROCEDURE FOR HDB
                    LANGUAGE SQLSCRIPT
                    USING scarr.
  carriers = select s.*
                    from scarr as s
                    inner join :carriers as c
                    on s.mandt  = c.mandt and
                       s.carrid = c.carrid;
ENDMETHOD.
```

Listing 2.47: Verarbeitung von CHANGING-Parametern bei AMDP

Wir sehen in Listing 2.47, dass der Parameter CARRIERS__IN__ nicht verwendet wird. Dieser ist nur systemintern relevant. Direkt beim Aufruf der Methode wird der Inhalt von CARRIERS__IN__ systemintern ausgelesen und an CARRIERS übergeben.

Wird ein AMDP in einem Nicht-HANA-System aufgerufen, kommt es zur Ausnahme CX_AMDP_WRONG_DBSYS.

Wenn Sie AMDPs debuggen wollen, benötigen Sie in ABAP 7.4 einen HANA-Datenbankbenutzer mit bestimmten Berechtigungen. Sie müssen sicherstellen, dass die AMDP schon mindestens einmal ausgeführt wurde. Alternativ können Sie auch das Programm RSDBGEN_AMDP nutzen, um die AMDP anzulegen. Sie müssen in die Debug-Perspektive wechseln. Wählen Sie dazu im Menü DEBUG • DEBUG CONFIGURATIONS.

In ABAP 7.5 benötigen Sie diese Zugänge nicht mehr und können direkt aus der ABAP-Perspektive heraus debuggen.

AMDPs können mithilfe von BaDIs in Verbindung mit Erweiterungs-spots erweitert werden. Dafür wurden ab ABAP 7.4 SP8 spezielle AMDP-BAdIs eingeführt, die Sie über die normale BAdI-Verwaltung anlegen und implementieren können. Die BAdI-Methoden müssen als AMDP-Methoden in einer sogenannten *Fallback-Klasse* angegeben werden.

Das SAP Help Portal *http://help.sap.com* hält zahlreiche weitere Informationen zu den BaDIs bereit.

Implizite Erweiterungen am Anfang und am Ende der AMDP-Methode sind nicht möglich.

In ABAP-Reports werden SELECT-OPTIONS mithilfe einer WHERE-Klausel an SELECT-Anweisungen übergeben. Das System erstellt dann daraus eigenständig eine eigene SELECT-WHERE-Klausel. Wollen Sie SELECT-OPTIONS an eine AMDP-Methode übergeben, müssen Sie diese zunächst selbst in eine endgültige WHERE-Bedingung überführen. Dabei können Sie die Klassenmethode CL_SHDB_SELTAB=>COMBINE_SELTABS benutzen. Die Ergebnisse dieser Umformung übergeben Sie dann als IMPORTING-Parameter an die AMDP-Methode, in der Sie schließlich die APPLY_FILTER-Funktion einsetzen, um die Ergebnisse der Selektion mit den Bedingungen zu filtern.

3 Fortgeschrittene Techniken

Nachdem Sie nun den Umgang mit SAP HANA gelernt haben, stelle ich Ihnen noch ein paar Anwendungsszenarien vor, in denen die HANA-Technik neue Möglichkeiten der Programmierumsetzung anbietet.

3.1 Unstrukturierte Daten und deren Textsuche

Ein Anwender muss heutzutage in vielen verschiedenen Anwendungsgebieten Texte suchen. Das kann entweder im Internet oder auch in Dokumenten sein, die nach bestimmten Textbausteinen durchsucht werden sollen. Des Weiteren sind Datenbanktabellen, wo über abgelegte Informationen nur wenig bekannt ist, als Quellen denkbar. SAP HANA ist in der Lage, Texte und Dokumente sowie Datenbanktabellen nach Wortfragmenten zu durchsuchen, wobei auch unrichtig eingegebene Datensuchen korrigiert werden können.

3.1.1 Grundlagen der Textsuche

Die Textsuche lässt sich in mehrere Kategorien unterteilen:

► *Fuzzy-Suche*
  toleriert kleine Fehler des Anwenders bei der Sucheingabe und selektiert auch ähnliche Begriffe;

► *Freestyle-Suche*
  die Eingabe in ein Suchfeld kann zu Recherchen über mehrere unterschiedliche Tabellenfelder führen;

► *Textanalyse*
  Texte werden bezüglich Emotionen und Semantik analysiert;

► *linguistische Suche* und *Synonymsuche*
  Synonyme, Ausdrücke und Sprachvarianten werden bei der Suche berücksichtigt;

▶ *Suchfacetten*
Sucheingaben können zu Datenanalysen gemäß bestimmter Merkmale genutzt werden; Ausgabe der Ergebnisse als Diagramme möglich;

▶ *Ranking der Resultate*
die Resultate der Suche werden gemäß ihrer Trefferwahrscheinlichkeit sortiert und angezeigt;

▶ *Vorschlagslisten*
bereits während der Sucheingabe des Anwenders werden mögliche Resultate zur Auswahl angezeigt.

Die **Fuzzy-Suche** (fehlertolerante Suche) ist insbesondere bei der Suche nach Adress-Dubletten beliebt, weil gleiche Adressen teilweise unterschiedlich geschrieben sein können. Im Programm wird ein Wert zwischen 0 und 1 gewählt, der den Grad der Textähnlichkeit bei der Suche vorgibt: Bei 0 können sehr unterschiedliche Texte gefunden werden, bei 1 ist eine genaue Übereinstimmung notwendig. Meist hat sich ein Wert von 0,8 als hilfreich erwiesen. Bei der Suche nach Datumswerten drückt der Wert zwischen 0 und 1 die Toleranz gegenüber der Schreibweise des Datums aus. Die Toleranz in der Abweichung zum gesuchten Datum wird in einem gesonderten Parameter ermittelt (siehe auch Abschnitt 3.1.2, »Datum und Postleitzahl«).

Einige Beispiele für die Sucheingaben bei der Fuzzy-Suche zeigt Tabelle 3.1.

Lufthansa	ähnliche Werte wie »Lufthansa« werden gesucht
Lufthansa OR Delta	ähnliche Werte wie »Lufthansa« oder »Delta« werden gesucht
Fluggesellschaft – Delta	ähnliche Werte wie »Fluggesellschaft« werden gesucht, die aber nicht »Delta« sind
>>Air France<<	Hier wird nur »Air France« selektiert, nicht Gesellschaften, die ähnlich zu »Air« oder »France« sind

Tabelle 3.1: Sucheingaben für die Fuzzy-Suche

Bei der **linguistischen Suche** werden Synonymlisten ausgegeben, die eine Sammlung unterschiedlicher Begriffe mit gleicher Bedeutung enthalten.

Einzelne Begriffe können in der Suche als sogenannte *Stoppwörter* übergeben werden, die in der Suche wesentlich weniger gewichtet werden als andere Wörter und deshalb i. d. R. aus der Ergebnisliste herausfallen.

3.1.2 Textsuche in Native SQL von SAP HANA

Full-Text-Index

Für die Fuzzy-Suche im Column Store von SAP HANA mithilfe von Native SQL gibt es die speziell dafür optimierten Datentypen TEXT und SHORTTEXT. TEXT ist für Langtexte unbekannter Länge gedacht, SHORTTEXT soll bei Texten mit vorgegebener Länge verwendet werden.

Sie können diese Datentypen aber nicht in der Definition einer Datenbanktabelle einsetzen. Dieses Problem können Sie umgehen, indem Sie einen *Full-Text-Index* für eine Tabellenspalte anlegen. Dadurch wird beim Laden der Daten aus der Tabelle im Hauptspeicher eine weitere Spalte (*Schattenspalte*) vom Typ TEXT erzeugt. Diese enthält dann dieselben Daten wie die Spalte, für die sie erzeugt wurde, aber in einer für die Textsuche optimierten Darstellung. Ohne einen Full-Text-Index gibt es keine sinnvolle Textsuche.

Der Full-Text-Index wird mit der Anweisung CREATE FULLTEXT INDEX angelegt. Es existieren viele Varianten dieser Anweisung, die wir hier nicht alle betrachten können. Ich verweise in dieser Angelegenheit auf das SAP Help Portal *http://help.sap.com*.

In einem ABAP-Release vor 7.4 können Sie einen Full-Text-Index nur über die Perspektive SAP HANA DEVELOPMENT in Eclipse anlegen. Dazu rufen Sie die SQL-Konsole in dem Schema auf, in dem der

179

Index angelegt werden soll, und geben dort die folgende Anweisung ein:

```
CREATE FULLTEXT INDEX spflicarrid
ON sapdea.spfli(carrid);
```

Diese Anweisung erzeugt einen Full-Text-Index mit dem Namen SPFLICARRID für das Feld CARRID in der Datenbanktabelle SPFLI im Schema SAPDEA.

Die Anweisung muss dem Muster folgen:

```
CREATE FULLTEXT INDEX <Indexname>
ON <Tabellenname> ( <Spaltenname> )
[<Parameterliste>];
```

Als Parameter können in der Parameterliste wie folgt angegeben werden:

LANGUAGE COLUMN `<column_name>`

LANGUAGE DETECTION (`<string_literal_list>`)

MIME TYPE COLUMN `<column_name>`
    `<change_tracking_elem>`

FUZZY SEARCH INDEX `<on_off>`

PHRASE INDEX RATIO `<index_ratio>`

CONFIGURATION `<string_literal>`

SEARCH ONLY `<on_off>`

FAST PREPROCESS `<on_off>`

TEXT ANALYSIS `<on_off>`

MIME TYPE ⟨string_literal⟩

TOKEN SEPARATORS ⟨string_literal⟩

TEXT MINING ⟨on_off⟩

TEXT MINING CONFIGURATION ⟨string_literal⟩

Die deutschen Begriffe der Parameter finden Sie in Abbildung 3.2.

Seit ABAP-Release 7.4 können Sie einen Full-Text-Index auch über das ABAP Dictionary (Transaktion SE11) anlegen.

1. Rufen Sie die Tabelle auf, die den Full-Text-Index erhalten soll.

2. Legen Sie einen neuen oder einen Extension-Index an.

   Sie gelangen auf den in Abbildung 3.1 gezeigten Screen.

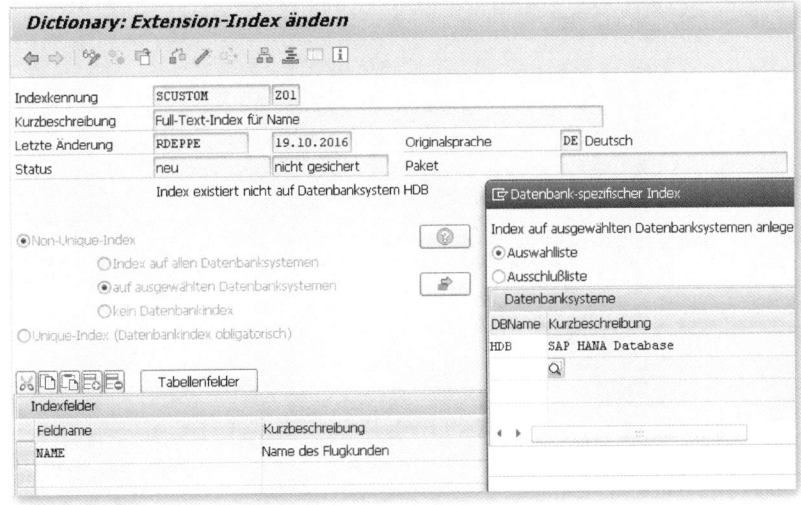

Abbildung 3.1: Anlage Index für Full-Text-Index

3. Wählen Sie den Index AUF AUSGEWÄHLTEN DATENBANKEN ANLEGEN, und drücken Sie auf den Button mit dem grünen Pfeil rechts daneben.

4. Geben Sie dort als Auswahlliste **HDB** an.

5. Als INDEXFELD benennen Sie die Spalte, für die der Full-Text-Index angelegt werden soll: in diesem Fall für das Feld **Name** der Tabelle.

6. Wählen Sie im Menü des Index-Screens SPRINGEN • FULL-TEXT-INDEX.

7. Aktivieren Sie in dem sich öffnenden Pop-up (Abbildung 3.2) den gewünschten Index, indem Sie den Haken in FULL TEXT INDEX setzen.

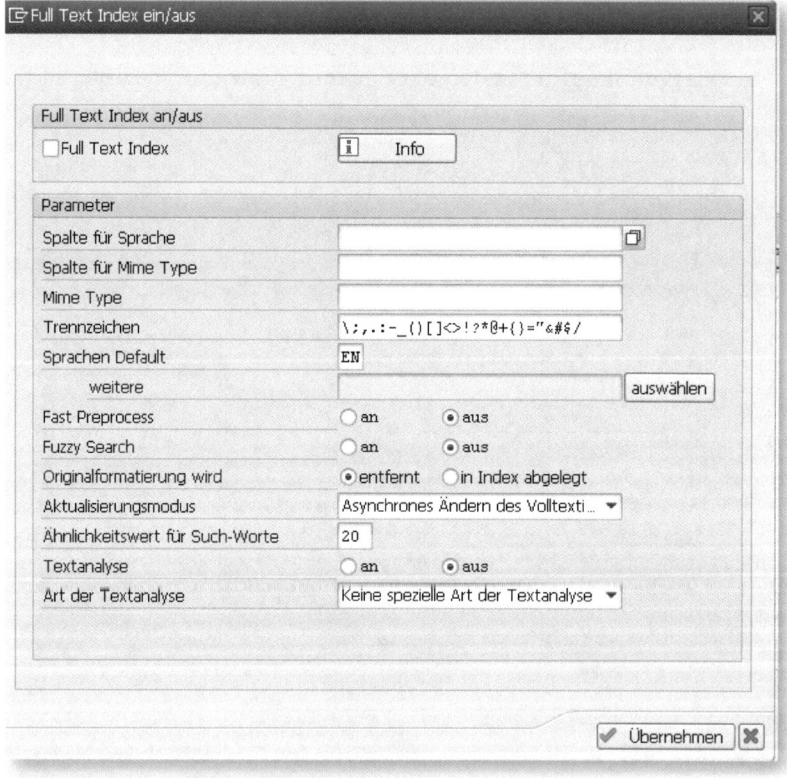

Abbildung 3.2: Anlage Full-Text-Index

8. Bei den Parametern reichen normalerweise neben einer Sprachenkonfiguration (durch SPALTE FÜR SPRACHE oder SPRACHEN DEFAULT) die Standardeinstellungen aus. Je nach Anforderung können Sie dort aber auch Ihre Werte setzen.

9. Drücken Sie den Button ÜBERNEHMEN.

10. Aktivieren Sie Ihren angelegten Index über den Button ▮.

Die Anlage des Full-Text-Indexes über die SE11 ist die komfortabelste Variante. Wenn Sie allerdings mit einem älteren ABAP-Release als 7.4 arbeiten oder die HANA-Datenbank als Side-by-Side-Szenario nutzen, müssen Sie den Full-Text-Index über ADBC anlegen. In diesem Fall lohnt es sich, einen ABAP-Report zu erstellen, der für alle Bedarfe einen Full-Text-Index anlegen oder löschen kann. Dieser Report könnte wie in Listing 3.1 aussehen.

```
REPORT zmaintain_full_text_index.

" Konfiguration
PARAMETERS:
  table   LIKE dd02l-tabname DEFAULT 'SCUSTOM',
  column LIKE dd03l-fieldname DEFAULT 'NAME',
  fzyidx TYPE abap_bool AS CHECKBOX DEFAULT abap_false,
  ta      TYPE abap_bool AS CHECKBOX DEFAULT abap_false,
  taconfig TYPE string DEFAULT 'EXTRACTION_CORE',
  drop    TYPE abap_bool AS CHECKBOX DEFAULT abap_true,
  create TYPE abap_bool AS CHECKBOX DEFAULT abap_true.

" Indexname (<Tabelle>~<Spalte>)
DATA(lv_idx) = table && '~' && column.
" SQL-Anweisung zum Anlegen eines Full-Text-Index
DATA(lv_sql) = |CREATE FULLTEXT INDEX { lv_idx } |
&& |ON { table }({ column })|.

" Zusätzlicher Fuzzy-Search-Index
IF fzyidx = abap_true.
  lv_sql = lv_sql && ' FUZZY SEARCH INDEX ON'.
ENDIF.
```

```abap
" Textanalyse
IF ta = abap_true.
  lv_sql = lv_sql && ' TEXT ANALYSIS ON'.
  " Spezielle Konfiguration der Textanalyse
  IF ( taconfig IS NOT INITIAL ).
    lv_sql = lv_sql && | CONFIGURATION '{ taconfig }'|.
  ENDIF.
ENDIF.

IF drop = abap_true.
  TRY.
      " Index entfernen
      cl_sql_connection=>get_connection(
      )->create_statement( )->execute_ddl(
      |DROP FULLTEXT INDEX { lv_idx }|
      ).
      WRITE: / |Fulltext index { lv_idx } entfernt|.
    CATCH cx_sql_exception INTO DATA(lo_ex).
      " Fehlerbehandlung
      WRITE: / | Fehler: { lo_ex->get_text( ) }|.
  ENDTRY.
ENDIF.

IF create = abap_true.
  TRY.
      " Textindex über ADBC anlegen
      cl_sql_connection=>get_connection(
      )->create_statement(
      )->execute_ddl( lv_sql ).
      WRITE: / |Fulltext index { lv_idx } angelegt|
    CATCH cx_sql_exception INTO DATA(lo_ex1).
      " Fehlerbehandlung
      WRITE: / | Fehler: { lo_ex1->get_text( ) }|.
  ENDTRY.
ENDIF.
```

Listing 3.1: Report für das Anlegen und Löschen eines Full-Text-Index

Im Listing 3.1 wird ein Full-Text-Index angelegt (CREATE) oder gelöscht (DROP). Außerdem werden die Parameter FUZZY SEARCH INDEX und TEXT ANALYSIS aktiviert. *Fuzzy Search Index* kann die Suche in großen Dokumenten noch einmal wesentlich beschleunigen, indem eine zusätzliche Spalte angelegt wird. Andererseits kostet Fuzzy Search Index aber zusätzlichen Speicherplatz. *Text Analysis* (Textanalyse) kann Entitäten wie Personen, Produkte oder Plätze von Dokumenten extrahieren und in der Datenbank abspeichern. Mit eingeschalteter Textanalyse können Sie umfangreiche Analysen durchführen, auch im Hinblick auf grammatikalische, emotionale oder semantische Vorgaben.

Die für eine Tabelle angelegten Full-Text-Indizes können Sie sehen, wenn Sie im SAP HANA STUDIO auf den Namen einer Tabelle doppelklicken. Sie finden ihn im Reiter INDEXES.

Textsuche durchführen über CONTAINS

Die Textsuche wird in SAP HANA mithilfe der Funktion CONTAINS in SELECT-Anweisungen durchgeführt.

```
SELECT <Feldliste>
FROM <Tabelle oder View>
WHERE CONTAINS (<Spalten>,<Suchanfrage>,
<Parameter>);
```

Listing 3.2 zeigt ein einfaches Beispiel für eine Selektion:

```
SELECT *
        FROM scustom
        WHERE contains(name, 'Frauke', fuzzy(0.8));
```

Listing 3.2: Textsuche über CONTAINS

Über diese Suchanfrage werden Einträge aus der Tabelle SCUSTOM über die Fuzzy-Suche selektiert, deren Ausprägung im Feld NAME ähnlich wie FRAUKE ist. Der Schwellenwert für die Fuzzy-Suche ist dabei auf 0.8 gesetzt. Das ist der gebräuchlichste Wert.

Statt FUZZY gibt es noch zwei weitere Parameter, die verwendet werden können:

▶ EXACT – das ganze Wort muss mit der Suchanfrage übereinstimmen; es ist die Standardeinstellung, wenn kein Parameter übergeben wird,

▶ LINGUISTIC – führt eine Suche durch, bei der Sprachvarianten, z. B. Haus und Hause, als relevant definiert werden.

Die Suchbegriffe können auch Wildcards wie * einschließen. In der Suche werden dann alle entsprechenden Datensätze selektiert.

Sie können in der CONTAINS-Funktion auch mehrere zu durchsuchende Felder angeben (siehe Listing 3.3).

```
SELECT *
  FROM scustom
    WHERE contains((name, city), 'Frauke' OR Frank*,
               EXACT);
```

Listing 3.3: CONTAINS mit mehreren Feldern und Suchbegriffen

Hier findet die Suche in den Feldern NAME und CITY der Tabelle SCUSTOM statt. Als Suchbegriffe sind FRAUKE und alle Wörter, die mit FRANK beginnen, definiert. Die Wörter müssen exakt mit der Suchanfrage übereinstimmen. Wie bereits angemerkt, ist EXACT die Standardeinstellung, wenn kein Parameter angegeben ist.

In Listing 3.4 ist für die Spaltenangabe der CONTAINS-Funktion ein * gesetzt. Dieses führt zu einer Suche in allen Spalten, für die ein Full-Text-Index gesetzt ist.

```
SELECT *
  FROM scustom
    WHERE contains(*, 'Frauke' OR Frank*, EXACT);
```

*Listing 3.4: CONTAINS mit * als Spaltenangabe*

Für eine Selektionssuche in mehreren Tabellen können Sie einen Join oder einen View, auch analytische Views, oder den Datenbank-View von CDS-Views verwenden.

Einschränkungen von CONTAINS

 Die Textsuche mit CONTAINS kann nur in Column-Store-Tabellen durchgeführt werden. Sie ist zudem nicht auf berechnete Attribute eines Views anwendbar.

Um weitere Informationen über die gefundenen Texte zu erhalten, stehen die speziellen skalaren Funktionen score( ), snippets( ) und highlighted( ) zur Verfügung.

Die Funktion score( ) stattet die gefundenen Texte mit der Angabe des Übereinstimmungswertes im Verhältnis zur Suchanfrage aus. Die Werte liegen zwischen 0 und 1, wobei 1 die exakte Übereinstimmung angibt. Meist wird diese Angabe für die Sortierung von Texten verwendet.

```
SELECT *
      FROM scustom
      WHERE contains(name, 'Frauke', fuzzy(0.8))
      ORDER BY score( ) DESC;
```

Listing 3.5: Sortierung der gefundenen Texte nach Übereinstimmungsgrad zur Suchanfrage

Listing 3.5 sortiert die gefundenen Texte absteigend nach dem Übereinstimmungsgrad mit der Suchanfrage. Das bedeutet, dass die Texte mit dem höchsten Übereinstimmmungsgrad im Verhältnis zur Suchanfrage oben in der Liste stehen.

Gradmessung bei score( ) und fuzzy( )

 Die Schwellenwertermittlung bei score( ) und fuzzy( ) erfolgt unterschiedlich. Deshalb kann es sein, dass die Angabe des Übereinstimmungsgrades von score( ) unterhalb des gewünschten Schwellenwertes von fuzzy( ) liegt.

In Listing 3.6 und Listing 3.7 werden die Fundstellen in den Wörtern besonders gekennzeichnet. Mit highlighted( ) wird das gesamte Wort, mit snippets( ) nur das Auftreten eines Ausschnitts vom Gesamtwort um die Fundstelle herum ausgegeben.

```
SELECT *, highlighted(name)
      FROM scustom
      WHERE contains(name, 'Frauke', fuzzy(0.8))
      ORDER BY score( ) DESC;
```

Listing 3.6: Textsuche mit hervorgehobener Funktion und Ausgabe ganzer Wörter

```
SELECT *, snippets(name)
      FROM scustom
      WHERE contains(name, 'Frauke', fuzzy(0.8))
      ORDER BY score( ) DESC;
```

Listing 3.7: Textsuche mit hervorgehobener Funktion und Ausgabe nur eines Teils der Wörter

Die Verwendung dieser beiden Funktionen ist nur bei der Suche in einer Spalte möglich. Bei einer Suche über mehrere Spalten können sie nicht eingesetzt werden. Ihnen wird zudem nur die erste Fundstelle in einer Spalte bzw. einem Dokument angezeigt.

snippets( ) kann bei langen Texten hilfreich sein, bei kurzen Texten ist die Ausgabe mit und ohne snippets( ) jeweils gleich.

Die FUZZY-Funktion besitzt auch einige Parameter, die angeben, wie die Suche gestaltet werden soll. Einer dieser Parameter ist similarCalculationMode. Er gibt die Größe des Suchausschnitts in den Texten an. Die hierfür möglichen Werte sind search und compare. Der Wert search sorgt dafür, dass nur ein Teil des Textes mit der Suchanfrage übereinstimmen muss. Bei compare muss der gesamte Text identisch zur Suchanfrage sein.

Alle Parameter werden mit Hochkommata geschrieben und mehrere hintereinander durch Kommas getrennt.

```
SELECT *
    FROM scustom
    WHERE contains(name, 'Frauke', fuzzy(0.8,
    'similarCalculationMode=search'));
```

Listing 3.8: Textsuche mit FUZZY-Parametern

Stoppwörter

Mithilfe von Stoppwörtern werden bei der Textsuche bestimmte Begriffe aus dem Suchergebnis ausgeschlossen. Diese Stoppwörter müssen in eine Datenbanktabelle geschrieben werden, die während der Textsuche vom System ausgelesen wird.

Diese Datenbanktabelle muss der in Tabelle 3.1 gezeigten Struktur entsprechen.

Feld	SQL-HANA-Datentyp	Beispiel
stopword_id	VARCHAR(32)	1
list_id	VARCHAR(32)	Name
language_code	CHAR(2)	
term	NVARCHAR(200)	Müller

Tabelle 3.2: Struktur der Stoppworttabelle in SAP HANA

Im ABAP Data Dictionary erstellen Sie die Tabelle wie in Abbildung 3.3.

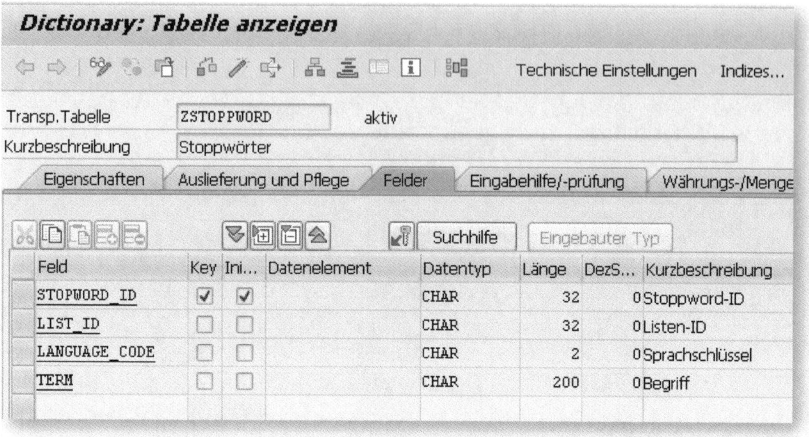

Abbildung 3.3: Stoppworttabelle in ABAP Data Dictionary

Die angelegte Tabelle hat in diesem Fall den Namen **ZSTOPPWORD**.

Das Feld **Stopword_id** ist der Schlüssel der Tabelle für das Stoppwort. **List_id** ist der Name der Liste (Oberbegriff für die einzugebenden Worte). **Language_code** kann einen Sprachschlüssel für sprachabhängige Texte beinhalten. **Term** ist das zu stoppende Wort.

Sie können auch ein Mandantenfeld in die Tabelle einfügen. In diesem Fall definieren Sie einen zusätzlichen View, in welchem das Mandantenfeld herausgenommen ist.

```
SELECT *
  FROM scustom
  WHERE contains(name, 'M*', fuzzy(0.8,
  'textsearch=compare, stopwordTable=ZSTOPPWORD,
   stopwordListId=Name, similarCalculationMode=search' )
  );
```

Listing 3.9: Textsuche mit Stoppwörtern

In Listing 3.9 nehmen wir an, dass wir die Stoppwort-Tabelle ZSTOPPWORD mit dem Wort »Müller« gefüllt haben. Dieses führt dazu, dass alle Namen, die mit M beginnen, ausgegeben werden – bis auf »Müller«. Bei der Suche mit Stoppwörtern muss immer zusätzlich der Parameter `textsearch=compare` angegeben werden. Auch Texte, die den Begriff »Müller« neben anderen Begriffen beinhalten, werden nicht angezeigt, während Begriffe mit »Müller« als Teilfragment aufgeführt werden.

Wenn es sich etwa um eine Suche nach Fluggesellschaften handelt und das Wort »Air« ausgeschlossen ist, wird United Airlines angezeigt, nicht aber Air Canada.

Synonyme

So wie bei Stoppwörtern gibt es auch bei Synonymen eine Konfigurationstabelle, mit der Sie angeben, welche Wörter als ähnlich und daher anzuzeigen definiert werden (sogenanntes *Term Mapping*).

Die Datenbanktabelle muss die Struktur aus Tabelle 3.2 besitzen.

Feld	SQL-HANA-Datentyp	Beispiel
mapping_id	VARCHAR(32)	1
list_id	VARCHAR(32)	Name
language_code	CHAR(2)	
term_1	NVARCHAR(255)	Müller
term_2	NVARCHAR(255)	Müllerin
Weight	DECIMAL	0.8

Tabelle 3.3: Struktur der Synonymtabelle in SAP HANA

Im ABAP Data Dictionary erstellen Sie die Datenbanktabelle wie in Abbildung 3.4.

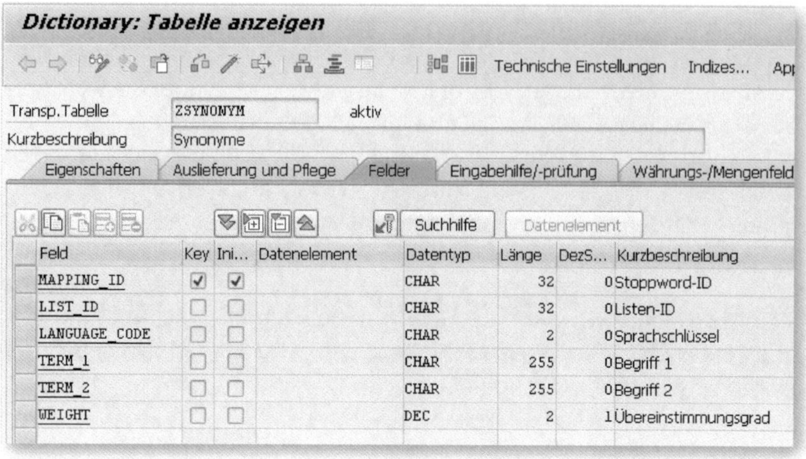

Dictionary: Tabelle anzeigen						

Transp.Tabelle `ZSYNONYM` aktiv
Kurzbeschreibung `Synonyme`

| Eigenschaften | Auslieferung und Pflege | Felder | Eingabehilfe/-prüfung | Währungs-/Mengenfeld |

Suchhilfe | Datenelement

Feld	Key	Ini...	Datenelement	Datentyp	Länge	DezS...	Kurzbeschreibung
MAPPING_ID	☑	☑		CHAR	32	0	Stoppword-ID
LIST_ID	☐	☐		CHAR	32	0	Listen-ID
LANGUAGE_CODE	☐	☐		CHAR	2	0	Sprachschlüssel
TERM_1	☐	☐		CHAR	255	0	Begriff 1
TERM_2	☐	☐		CHAR	255	0	Begriff 2
WEIGHT	☐	☐		DEC	2	1	Übereinstimmungsgrad

Abbildung 3.4: Synonymtabelle in ABAP Data Dictionary

Das Feld **Mapping_Id** ist der Schlüssel für das Term-Mapping. **List-ID** ist der Name der Liste (Oberbegriff für das betreffende Term-Mapping). In **Language_code** kann ein Sprachschlüssel für sprachabhängiges Term-Mapping eingegeben werden. **Term 1** und **2** sind die ähnlichen Begriffe. Als **Weight** kann ein Übereinstimmungsgrad zwischen 0 und 1 bestimmt werden, der bei der Suche mit ausgewertet werden soll.

Auch diese Datenbanktabelle kann ein Mandantenfeld beinhalten. Dann benötigen Sie wiederum einen zusätzlichen View auf die Tabelle, in welchem dieses Mandantenfeld nicht enthalten ist.

```
SELECT *
  FROM scustom
  WHERE contains(name, 'Müller', fuzzy(0.8,
  'textsearch=compare, termMappingTable=ZSYNONYM,
  termMappingListId=Name, similarCalculationMode=search')
  );
```

Listing 3.10: Textsuche mit Synonymen

192

Nehmen wir an, dass wir die Datenbanktabelle ZSYNONYM mit dem Beispiel aus Tabelle 3.2 gefüllt haben. Dann erhalten wir in Listing 3.10 die Ergebnisse »Müller« und »Müllerin«, weil die Fuzzy-Suche sagt, dass alles ab Faktor 0.8 selektiert werden darf.

Wenn Sie unterschiedliche Werte in die Tabelle eingegeben haben und alle Werte, die mit der **List-ID** »Name« eingetragen sind, selektieren möchten, geben Sie bei der Selektion einen niedrigen Gewichtungsfaktor von z. B. 0.2 ein. Dadurch erhalten Sie alle Daten mit dem gleichen Oberbegriff.

Stoppwörter und Synonyme lassen sich auch gemeinsam in einer Selektion verwenden.

Datum und Postleitzahl

Die Suche in Datum und Postleitzahl gestaltet sich etwas aufwendiger. Wir brauchen in den auszulesenden Tabellen spezielle Datentypen und Spaltendefinitionen für Datum und Postleitzahl. Allerdings benötigen wir hier keinen Full-Text-Index, weil keine Zerlegung in Wörter stattfindet.

In Listing 3.11 legen wir eine Datenbanktabelle in einem Schema des SAP HANA Studios an, deren Felder für Postleitzahl und Datum bestimmte Datentypen besitzen.

```
create column table custom_fuzzy (
    mandt NVARCHAR(3) DEFAULT '000' NOT NULL ,
    id NVARCHAR(8) DEFAULT '00000000' NOT NULL ,
    name NVARCHAR(25) DEFAULT '' NOT NULL ,
    city NVARCHAR(25) DEFAULT '' NOT NULL ,
    postcode NVARCHAR(10) FUZZY SEARCH MODE 'postcode',
    lastbooking DATE
);
```

Listing 3.11: Anlage einer HANA-Datenbanktabelle mit speziellen Datentypen für die Textsuche in Datum und Postleitzahl

Für das Datum in Listing 3.11 verwenden wir den Native-SQL-Datentyp DATE und für die Postleizahl einen speziellen Fuzzy-Suchmodus.

In Listing 3.12 füllen wir diese neu angelegte Tabelle mit Daten.

```
INSERT INTO custom_fuzzy
SELECT c.mandt, c.id, c.name, c.city, c.postcode,
       to_date( MIN ( b.order_date ) ) as lastbooking
FROM sapdea.sbook as b INNER JOIN sapdea.scustom as c
ON b.mandt = c.mandt and b.customid = c.id
GROUP BY c.mandt, c.id, c.name, c.city, c.postcode;
```

Listing 3.12: Füllen der Datums- und Postleitzahltabelle mit Daten

Bei der Selektion in Listing 3.12 werden die Tabellen aus dem Systemschema SAPDEA selektiert. Sie müssen für sich Ihr eigenes Systemschema finden.

```
SELECT lastbooking, score()
       FROM custom_fuzzy
       WHERE CONTAINS(lastbooking, '2015-11-13',
             FUZZY(0.9, 'maxDateDistance=3'))
       ORDER BY score() DESC;
```

Listing 3.13: Selektion des Datums

In Listing 3.13 wird das Datum vom 13.11.2015 selektiert, wobei es eine Toleranz von drei Tagen gibt. Durch den Übereinstimmungsgrad von 0.9 werden außerdem ähnliche Schreibweisen vom Datum selektiert, z. B. wenn Tag und Monat vertauscht sind. Ggf. müssen Sie bei der Angabe der Datenbanktabelle noch das Schema angeben.

```
SELECT postcode, score()
       FROM custom_fuzzy
       WHERE CONTAINS( postcode, '69190', fuzzy(0.7))
       ORDER BY score() desc;
```

Listing 3.14: Selektion der Postleitzahl

In Listing 3.14 werden Postleitzahlen selektiert. Der Übereinstimmungsgrad der Fuzzy-Suche gibt die räumliche Nähe zur gewünschten Postleitzahl an. Bei 0.7 werden auch Postleitzahlen in einem gewissen Radius um 69190 selektiert.

Auch für Hausnummern gibt es spezielle Such-Unterstützungen, auf die ich aber nicht näher eingehen möchte.

3.1.3 Textsuche in ABAP

In Abschnitt 3.1.2 haben Sie gelernt, wie Sie im SAP HANA Studio unter Verwendung von Native SQL Textsuchen durchführen. Eine Funktionalität wie die CONTAINS-Funktion gibt es leider in normalen ABAP-Programmen nicht. Sie können bei der Textsuche aber auch ABAP-Datenbankprozeduren (vgl. Abschnitt 2.9.4) oder CDS-Views (vgl. Abschnitt 2.9.2) einsetzen. Diese werden bekanntlich in SQLScript in Verbindung mit Native SQL implementiert und können somit auch die CONTAINS-Funktion auswerten, die ich Ihnen gerade umfassend vorgestellt habe.

Wertehilfen

Eine beliebte Anwendungsbasis für Textsuchen sind Wertehilfen. Sie sind als Suchhilfen im ABAP Dictionary angelegt. Es werden *elementare Suchhilfen* und *Sammelsuchhilfen* unterschieden. Bei Letzteren könnte man eine Registerkarte anlegen, die Text suchoptimiert aus SAP HANA selektiert und nur bei der Verwendung von HANA-Datenbanken angezeigt wird.

Seit ABAP-Release 7.4 besteht auch die Möglichkeit, Suchergebnisse bereits während der Eingabe seitens des Anwenders anzuzeigen.

Für Textsuchen in Wertehilfen und die vorzeitige Anzeige möglicher Suchergebnisse müssen Sie nur die entsprechenden Checkboxen in der Suchhilfenverwaltung aktivieren (siehe Abbildung 3.5).

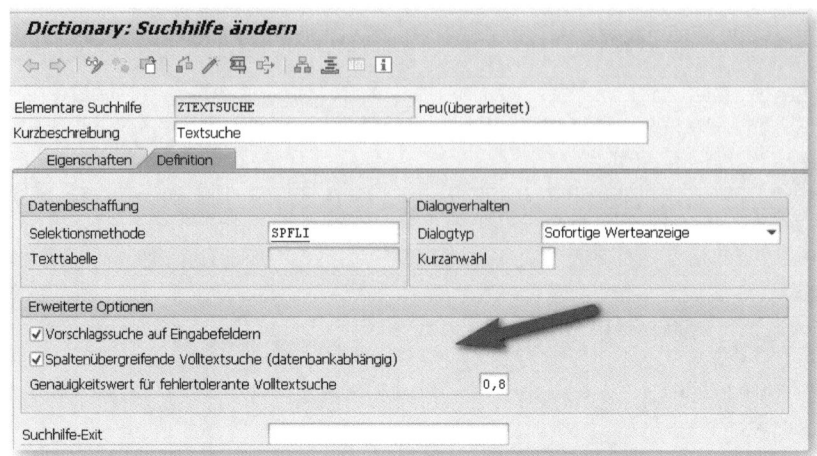

Abbildung 3.5: Checkboxen für Textsuche in Suchhilfe

Wenn Sie eine HANA-Datenbank besitzen, können Sie außerdem den Übereinstimmungsgrad für die Textsuche angeben. Sie benötigen dazu keinen Full-Text-Index.

Wollen Sie eine Wertehilfesuche über mehrere Tabellen gleichzeitig durchführen, können Sie als Selektionsmethode einen View angeben. Ich empfehle, für Textsuchen über mehrere Tabellen einen CDS-View zu benutzen.

Ggf. können Sie auch eine Textsuche im Suchhilfe-Exit implementieren. Die Suchhilfephasen des Suchhilfe-Exits können Sie dabei wie folgt nutzen:

Phase	Bedeutung
SELONE	Diese Phase ist wichtig für Sammelsuchhilfen. Sie können Anzahl und Reihenfolge der elementaren Suchhilfen beeinflussen. Vor allem lässt sich die Suchhilfe für SAP HANA ausblenden, wenn Sie nicht mit einer HANA-Datenbank arbeiten.
PRESEL	Hier beeinflussen Sie die Selektionsbedingungen und können z. B. für die Fuzzy-Suche Sonderzeichen wie * einsetzen.

Phase	Bedeutung
SELECT	bietet die Möglichkeit, eine eigene Selektion durchzuführen, etwa mit Textsuche, mit AMDP oder ADBC
DISP	Hier wirken Sie auf die Anzeige der Daten ein.

Tabelle 3.4: Phasen des Suchhilfe-Exits für Textsuche nutzen

3.2 Entscheidungstabellen in SAP HANA

Bisher waren Sie es gewohnt, Fallunterscheidungen in Programmen durchzuführen. Je nach Ausgangssituation sollte das Programm unterschiedliche Wege gehen. SAP hat jetzt in SAP HANA *Entscheidungstabellen* eingeführt, die diese Fallunterscheidungen mithilfe von Wenn-dann-Regeln ins Customizing auslagern. Dadurch muss nicht mehr das Programm geändert werden, wenn eine neue Situation eintritt, die bisher nicht berücksichtigt war.

Diese Entscheidungsregeln stellen das Customizing von sehr einfachen Regeln dar. Ein umfangreicheres Angebot bietet Ihnen das im ABAP-Applikationsserver zur Verfügung stehende BRFplus. Außerdem ist ein sehr umfangreiches Customizingangebot in Form des *SAP HANA Rules Frameworks (HRF)* erschienen. Wir beschränken uns in diesem Buch aber auf die Entscheidungstabellen in SAP HANA.

3.2.1 Umgang mit den Entscheidungstabellen in SAP HANA

Die Entscheidungstabellen in SAP HANA sind so aufgebaut, dass Parameter (*Bedingungen*) zu Entscheidungen (*Aktionen*) führen. Die Bedingungen können sich auf Werte in Feldern von Datenbanktabellen bzw. Views oder auf berechnete Werte beziehen.

Die Aktionen können dazu führen, dass Werte in Feldern einer Datenbanktabelle geändert oder Werte eines kalkulierten Feldes in einem View ermittelt werden.

Die erste Variante, das Schreiben von Werten in Felder einer Datenbanktabelle, sollten Sie in ABAP realisieren – so, wie Sie alle schreibenden Operationen in normalen ABAP-Programmen umsetzen sollten. Später werde ich erklären, wie Sie Entscheidungstabellen in ABAP auslesen können.

Die Entscheidungstabellen werden in der Perspektive MODELER des SAP HANA Studios verwaltet. Bei der Aktivierung der Entscheidungstabellen werden Laufzeitobjekte, z. B. Views oder Prozeduren, erzeugt.

Im Folgenden legen wir eine Entscheidungstabelle an, mithilfe derer wir den Flugpreis ermitteln.

1. Wechseln Sie in die Perspektive SAP HANA MODELER.

2. Markieren Sie im Ordner CONTENT ein Paket, in welchem Sie die Entscheidungstabelle anlegen möchten.

3. Wählen Sie im Kontextmenü der rechten Maustaste NEW • DECISION TABLE.

    Es erscheint ein Pop-up, wie Sie es in Abbildung 3.6 sehen.

4. Geben Sie einen NAMEN für die Entscheidungstabelle ein, in diesem Fall **DT_FLIGHT_PRICE**, und eine Beschreibung (DESCRIPTION), in diesem Fall **Flugpreis**.

5. Drücken Sie den Button FINISH.

Sie befinden sich jetzt im Editor der Entscheidungstabelle, wie Sie in Abbildung 3.7 sehen.

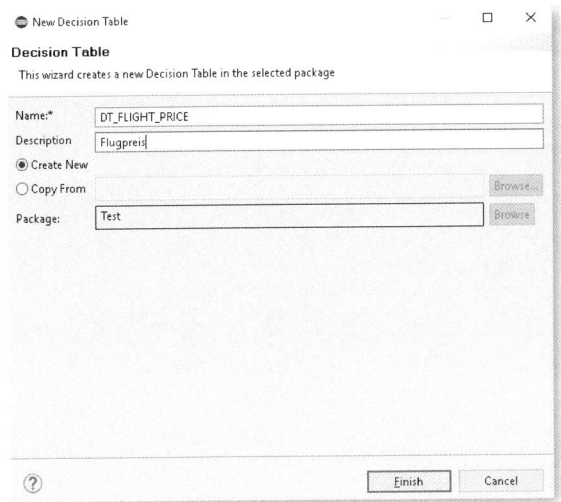

Abbildung 3.6: Anlage Entscheidungstabelle

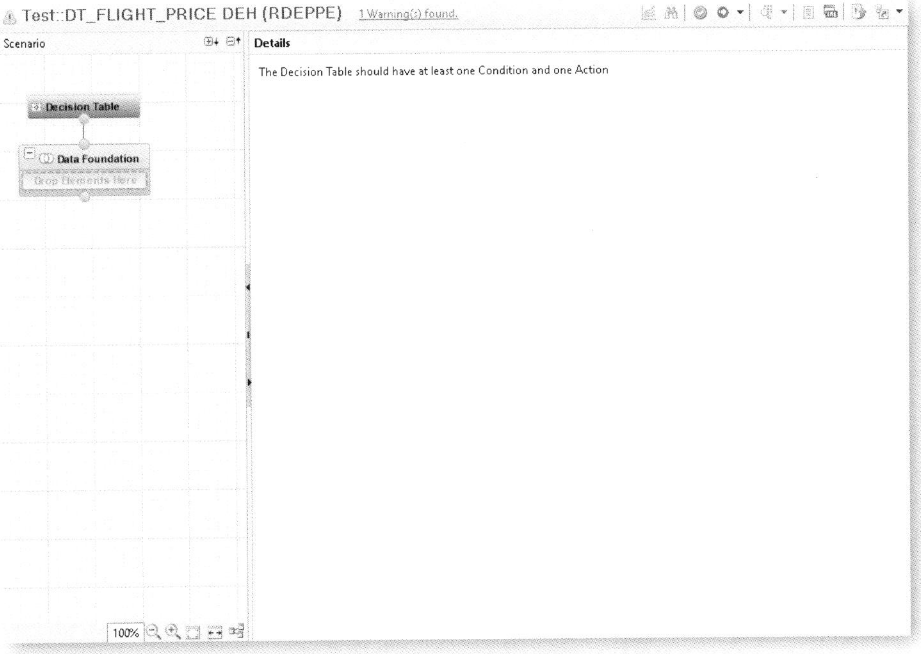

Abbildung 3.7: Editor Entscheidungstabelle

Sie sehen im Editor zwei Bereiche: DATA FOUNDATION und DECISION TABLE. Im Bereich DATA FOUNDATION definieren Sie die Datenbasis: Tabellen, Views oder analytische Views. Außerdem geben Sie im Kopf des Bereichs die Regeln an. Unter DECISION TABLE pflegen Sie die Werte für die Regeln.

6. Um die Datenbasis einzugeben, gehen Sie mit der Maus auf den Knoten DATA FOUNDATION. Es erscheint rechts davon ein grünes Kreuz. Klicken Sie es an.

7. Verwenden Sie die Datenbanktabelle SBOOK, indem Sie in das sich öffnende Pop-up den Namen **SBOOK** eingeben. Sie sehen dann eine Liste, aus der Sie die Tabelle **SBOOK** des Systemschemas auswählen.

8. Drücken Sie den Button OK.

9. Wiederholen Sie die Schritte 7 und 8 mit der Datenbanktabelle SCUSTOM.

10. Legen Sie eine Verbindung zwischen diesen beiden Tabellen mit den Feldern SBOOK-MANDT und SCUSTOM-MANDT sowie den Feldern SBOOK-CUSTOMID und SCUSTOM-ID an. Hierzu müssen Sie das jeweilige Feld in SBOOK markieren und dann mit gedrückter Maustaste zum Feld in der anderen Tabelle ziehen.

11. Als Bedingungen für unsere anzulegenden Regeln benötigen wir die Felder SBOOK-MANDT, SBOOK-CARRID, SBOOK-CONNID und SCUSTOM-CUSTTYPE. Dafür müssen Sie diese Felder zunächst als Attribute der Entscheidungstabelle definieren. Das machen Sie am einfachsten, indem Sie auf den Punkt links neben dem Feldnamen klicken.

12. Wenn Sie die in Punkt 11 genannten Felder als Attribute definiert haben, müssen wir diese Attribute als Bedingung kennzeichnen, indem wir im Bereich OUTPUT deren Namen markieren und im Kontextmenü der rechten Maustaste ADD AS CONDITIONS auswählen.

Wir benötigen für die Preisbestimmung ein Attribut, welches eine Preisklasse (entweder »R« für »reduzierter Preis« oder »V« für »Vollpreis«) ausweist. Dieses Attribut legen wir als Parameter an.

13. Legen Sie den Parameter an, indem Sie den Ordner im Bereich OUTPUT markieren und im Kontextmenü NEW auswählen.

14. Geben Sie die Daten ein, wie Sie sie in Abbildung 3.8 sehen. Die Tabellendaten können Sie eingeben, indem Sie vor der Eingabe auf den Button ADD drücken.

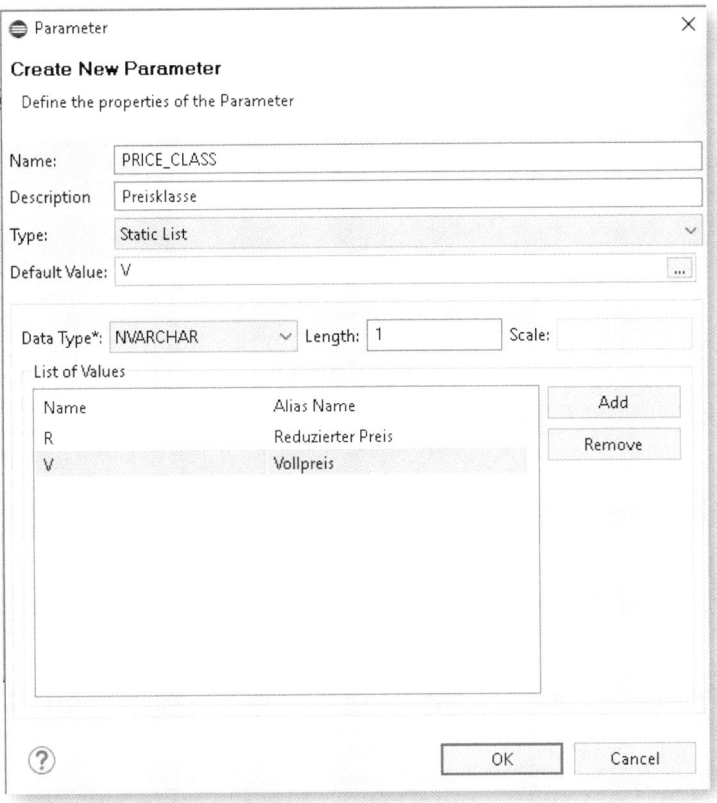

Abbildung 3.8: Parameter der Entscheidungsklasse

15. Klicken Sie auf den Button OK.

16. Dieser Parameter soll das Ergebnis unserer Regel sein. Definieren Sie ihn als Aktion, indem Sie ihn im Bereich OUTPUT markieren und im Kontextmenü ADD AS ACTIONS auswählen.

Sie sollten jetzt die Struktur Ihrer Entscheidungstabelle wie in Abbildung 3.9 sehen.

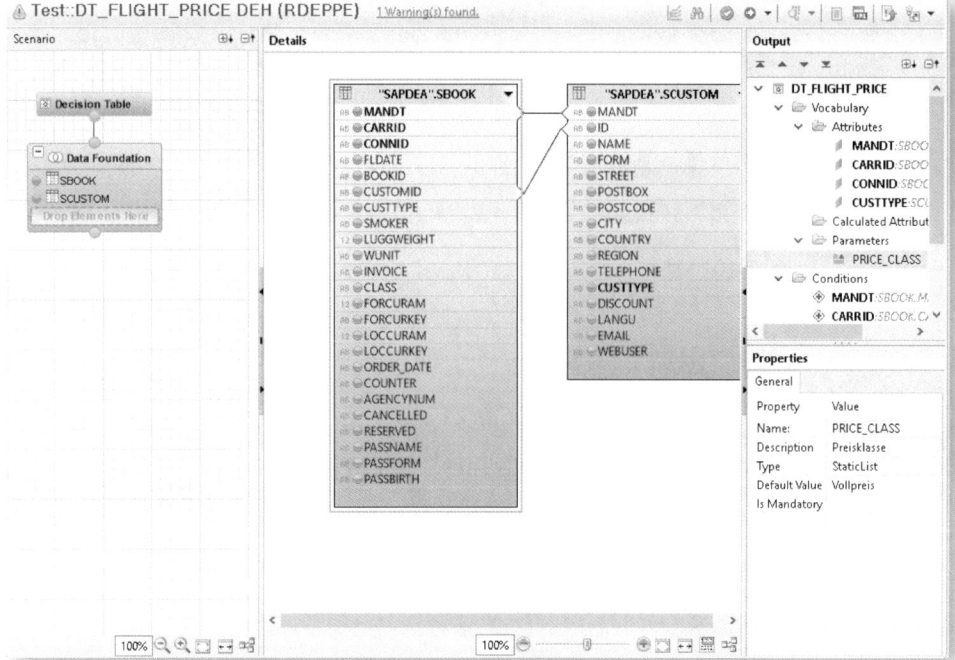

Abbildung 3.9: Struktur der Entscheidungstabelle

Nachdem Sie die Attribute der Entscheidungstabelle definiert haben, können Sie nun die Regeln anlegen.

17. Markieren Sie dafür den Knoten DECISION TABLE.

Sie sehen daraufhin den Bereich DETAILS (siehe Abbildung 3.10).

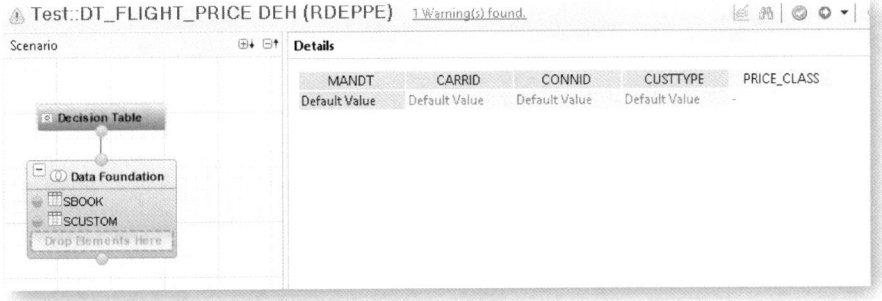

Abbildung 3.10: Details der Entscheidungsregel

18. Setzen Sie die Maus auf ein Feld der Struktur im Bereich DETAILS, um die Bedingung des Feldes einzugeben. Wählen Sie im Kontextmenü ADD CONDITION VALUES.

Es öffnet sich mit jedem Mausklick jeweils ein Pop-up, wie Sie es in Abbildung 3.11 am Beispiel für das Feld MANDT sehen.

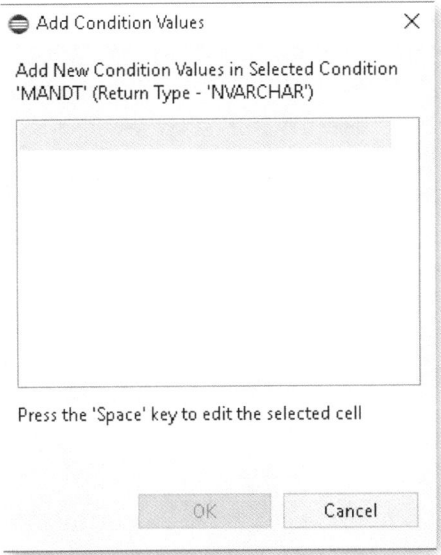

Abbildung 3.11: Bedingung der Entscheidungstabelle anlegen

Hier werden jetzt nacheinander die Werte für die Bedingung eingegeben. Dazu können Sie auch die Wertehilfe des Eingabefel-
des nutzen.

19. Geben Sie folgende Werte ein:

MANDT = 100
CARRID = LH
CONNID = 0400
CUSTTYPE = B
CUSTTYPE = P

Sie schließen die Eingabe für eine Bedingung ab, indem Sie auf
den Button OK drücken.

20. Falls Sie Einträge im Bereich DEFAULT VALUES sehen, handelt es
sich um Werte, die von der SAP vorbelegt wurden. Sie benötigen
diese nicht und können sie löschen, indem Sie sie markieren und
im Kontextmenü DELETE wählen.

21. Füllen Sie die Aktionsfelder, indem Sie die Maus auf das ge-
wünschte Feld setzen und im Kontextmenü SET INITIAL VALUE
für feste Werte oder SET DYNAMIC VALUE für berechnete Werte
auswählen. Noch einfacher ist es, wenn Sie auf das Feld doppelklicken und dann einen der angezeigten Werte auswählen.

Für unser Beispiel wählen wir durch Doppelklicken auf die Zeile
mit CUSTTYPE = B die PRICE_CLASS **Reduzierter Preis** und für
CUSTTYPE = P die PRICE_CLASS **Vollpreis**.

Die Frage, ob ein Bedingungsfeld gefüllt oder nicht gefüllt ist, können
Sie erstellen, indem Sie im Bedingungsfeld Like_* für »Feld ist gefüllt« eingeben bzw. Not Like_* für die Bedingung »Feld ist leer«.

Ihre Regeltabelle müsste jetzt wie in Abbildung 3.12 aussehen.

22. Aktivieren Sie die Entscheidungstabelle über den Button ⊙.

Das Ergebnis der Entscheidungstabelle lässt sich in der DATA PRE-
VIEW aufrufen.

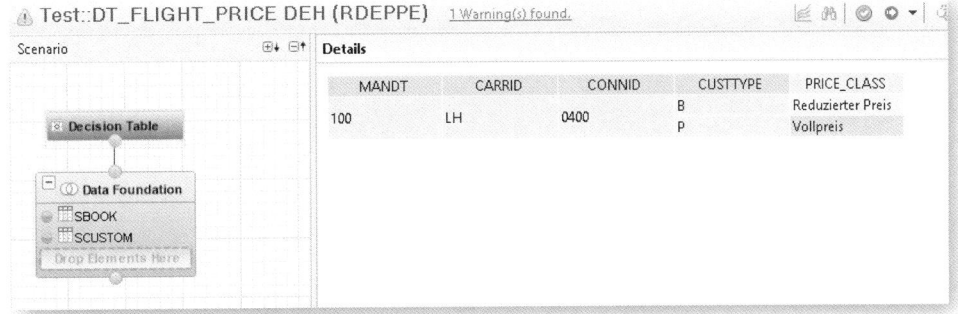

Abbildung 3.12: Regeltabelle der Entscheidungstabelle

Sie können die Regeln auch nach Microsoft Excel exportieren und von dort in Ihre Tabelle importieren. Sie erreichen dieses, indem Sie in der Ansicht DETAILS im Kontextmenü EXPORT DATA TO MS EXCEL bzw. IMPORT DATA FROM MS EXCEL auswählen.

Für die Werte Ihrer Bedingungen sind die in Tabelle 3.4 aufgeführten Ausdrücke möglich.

Ausdruck	Unterstützte SQL-Datentypen	Beispiel
Not equal (!=)	beliebig	!= Lufthansa
Greater Than (>), Greater Than or Equals (>=), Less Than (<), Less Than or Equals (<=)	Zeichenketten und numerische Typen	> 20
Like, Not Like	Zeichenketten	like Lufthansa
Between	numerische Typen	between 100 and 200
After, Before, Between	Datum (DATE)	before 2015-06-30, between 2015-06-30 and 2015-08-15

Tabelle 3.5: Ausdrücke für Bedingungen der Entscheidungstabelle

Die Ausdrücke lassen sich auch mithilfe von `And` oder `Or` kombinieren.

Wenn Sie ein Tabellenfeld »Datum« mit dem Datentyp DATS in einer Bedingung verwenden möchten, müssen Sie diesen Typ in den HANA-Datentyp DATE konvertieren. Sie erreichen dies, indem Sie den Wert mithilfe der Konvertierungsfunktion `to_date( )` in ein berechnetes Attribut überführen.

Auch numerische Werte, die sich in einem zeichenartigen Feld wie z. B. NUMC befinden, müssen zunächst in ein numerisches Feld konvertiert werden.

Bei der Aktivierung der Entscheidungstabelle entstehen mehrere Objekte im Datenbankkatalog Schema _SYS_BIC. Bei den Objekten handelt es sich um eine Datenbankprozedur, die die Regeln in SQLScript implementiert, und die zugehörigen Tabellentypen. Wenn die Aktionen aus virtuellen Parametern bestehen, sie also nicht auf Datenbanken geschrieben sind, wird zudem ein *Result View* angelegt, in dem die Feldattribute, auch die Parameter, abgebildet sind. Es handelt sich dabei um einen Column View, der in Selektionen wie ein normaler View abgefragt werden kann. Der Name dieses Result Views besteht aus dem Paket, dem Namen der Entscheidungstabelle und dem Suffix RV, also etwa »`test/DT_FLIGHT_PRICE/RV`«.

3.2.2 Aufruf der Entscheidungstabellen aus ABAP

Der Aufruf einer Entscheidungstabelle aus ABAP heraus ist leider nicht direkt möglich und daher etwas umständlich. Sie müssen für den Result View einen Calculation View anlegen (siehe Abschnitt 2.6.3), der sich aus dem Result View rekrutiert. Die Felder des Result Views können dann als Outputparameter des Calculation Views definiert werden.

Im Abschnitt 2.7.1 habe ich beschrieben, wie Sie auf analytische Views, die in SAP HANA definiert wurden, aus ABAP heraus zugreifen können. Ebenso bietet es sich an, für den Calculation View einen externen View anzulegen, auf den aus dem ABAP-Programm heraus selektiert wird.

Anzeige der View-Ergebnisse in einem ALV

Nehmen wir an, Sie haben für den Calculation View den externen View ZEV_FLIGHT_PRICE angelegt, dann können Sie sich die Ergebnisliste ohne vorherige Selektion direkt in einem ALV Grid anzeigen lassen. Es handelt sich in Listing 3.15 um die neueste Version des ALV Grids, der die Selektion der Daten selbst übernimmt.

```
MODULE pbo OUTPUT.
  " ALV anlegen mit externem View als Datenbasis
  DATA(lo_alv_display) = cl_salv_gui_table_ida=>create(
        iv_table_name = 'ZEV_FLIGHT_PRICE'
        io_gui_container = NEW cl_gui_custom_container( lv_
container ) ).

  " Initiale Sortierung
  lo_alv_display->default_layout( )->set_sort_order(
              VALUE #( ( field_name = 'DISCOUNT_NEW'
                        is_grouped = abap_false
                        descending = abap_true ) )
  ).
ENDMODULE.
```

Listing 3.15: Darstellung der Ergebnisse aus einer Entscheidungstabelle in einer ALV-Liste

3.3 Funktionsbibliotheken für SAP HANA

Die Geschäftsanwendungen in SAP werden immer umfangreicher. Im selben Maß steigen auch die Ansprüche, die an die Verarbeitung der Daten gestellt werden.

Um dem zu begegnen, hat die SAP seit SAP HANA SPS5 *Funktions-bibliotheken* (Application Function Libraries, AFL) zur Verfügung gestellt, die eine Vielzahl der Datenverarbeitungen übernehmen. Sie bieten einen hochoptimierten Zugriff auf Funktionen für fortgeschrittene Berechnungen und Datenanalyseszenarien. Dieses AFL-Paket teilt sich auf in:

▶ *Business Function Library* (BFL), mit einer Vielzahl komplexer Geschäftsfunktionen sowie wiederverwendbarer elementarer Funktionen sowie

▶ *Predictive Analysis Library* (PFL), die statische Funktionen für Mustererkennungen und Vorhersagen enthält.

Mithilfe einer CALL-Anweisung können Sie diese Funktionen in Ihre SQLScript-Programme einbinden.

Die folgende AFL-Funktion berechnet einen Durchschnittswert, wobei die Werte aus der jüngeren Vergangenheit höher gewichtet werden als die aus der älteren Vergangenheit:

```
call _SYS_AFL.AFLBFL_LINEARAVERAGE_PROC(
                    :lt_data,:lt_avg );
```

Weitere Informationen bzgl. Funktionsbibliotheken

 Funktionsbibliotheken sind ein mächtiges neues Werkzeug unter SAP HANA und wert, dazu ein eigenes Buch zu füllen. Für detailliertere Informationen verweise ich auf *https://help.sap.com/viewer/ 23629a03333840199de513280b74f738/2.0/ de-DE/13a340521c768444e10000000a44538d.html.*

Eine noch aus den Anfangsjahren von SAP HANA stammende Funktionsbibliothek verbirgt sich hinter den *CE-Funktionen.* Die folgende CE-Funktion fügt beispielsweise die Spalten aus zwei Tabellen zu einer Tabelle zusammen:

```
et_utilization = CE_VERTICAL_UNION(
:lt_data, [ "YEAR", "VALUE" as "AVERAGE"],
:lt_avg, [ "AVERAGED_RESULT" as "LINEAR_AVERAGE"]);
```

CE-Funktionen sollten heute aber nicht mehr verwendet werden.

4 Zusammenfassung

Nun dürfte es Ihnen nicht mehr schwerfallen, bei Ihren täglichen Programmieraufgaben (auch) mit SAP HANA zu arbeiten. Als Einsteiger in die neue Entwicklungsplattform von SAP werden Sie sich nach Bearbeitung aller Übungsprogramme hoffentlich sicherer in diesem ungewohnten Umfeld bewegen, während Fortgeschrittene gut gerüstet sein sollten, um mit den neuen Features, die die SAP in ihre Programmierung implementiert hat, umgehen zu können.

Ich hoffe, ich konnte Ihnen anhand der zahlreichen praktischen Beispiele zeigen, dass der Umgang mit SAP HANA gar nicht so schwierig ist. Ich wünsche Ihnen zukünftig viel Spaß damit!

ESPRESSO TUTORIALS

Sie haben das Buch gelesen und sind mit unserem Werk zufrieden? Bitte schreiben Sie uns eine Rezension!

A   Der Autor

Rüdiger Deppe hat Informatik an der Fernuniversität Hagen studiert. Seit mehr als 17 Jahren ist er als Freiberufler im Bereich der SAP ABAP- bzw. ABAP-OO-Softwareentwicklung tätig und hat in dieser Zeit mehrere umfangreiche Projekte bei diversen Großunternehmen sowie der SAP SE durchgeführt. Die Projekte waren in den unterschiedlichsten Branchen angesiedelt, wie etwa der Logistik-, der Telekommunikations- und der Bankenbranche, wo er die SAP-Software auf die modernsten Standards umstellte.

Außerdem ist Rüdiger Deppe Mitglied im SAP-Arbeitskreis Nord und als ABAP/ABAP-OO-Dozent für diverse SAP-Bildungsträger tätig.

B   Index

C Disclaimer

Die in diesem Werk wiedergegebenen Gebrauchsnamen, Handels-
namen, Warenbezeichnungen usw. können auch ohne besondere
Kennzeichnung Marken sein und als solche den gesetzlichen Be-
stimmungen unterliegen. Sämtliche in diesem Werk abgedruckten
Bildschirmabzüge unterliegen dem Urheberrecht der SAP SE, Diet-
mar-Hopp-Allee 16, 69190 Walldorf.

In dieser Publikation wird auf Produkte der SAP SE Bezug genom-
men. SAP, R/3, SAP NetWeaver, Duet, PartnerEdge, ByDesign, SAP
BusinessObjects Explorer, StreamWork und weitere im Text erwähnte
SAP-Produkte und Dienstleistungen sowie die entsprechenden Logos
sind Marken oder eingetragene Marken der SAP SE in Deutschland
und anderen Ländern. Business Objects und das Business-Objects-
Logo, BusinessObjects, Crystal Reports, Crystal Decisions, Web In-
telligence, Xcelsius und andere im Text erwähnte Business-Objects-
Produkte und Dienstleistungen sowie die entsprechenden Logos sind
Marken oder eingetragene Marken der Business Objects Software
Ltd. Business Objects ist ein Unternehmen der SAP SE. Sybase und
Adaptive Server, iAnywhere, Sybase 365, SQL Anywhere und weitere
im Text erwähnte Sybase-Produkte und -Dienstleistungen sowie die
entsprechenden Logos sind Marken oder eingetragene Marken der
Sybase Inc. Sybase ist ein Unternehmen der SAP SE. Alle anderen
Namen von Produkten und Dienstleistungen sind Marken der jeweili-
gen Firmen. Die Angaben im Text sind unverbindlich und dienen le-
diglich zu Informationszwecken. Produkte können länderspezifische
Unterschiede aufweisen.

Der SAP-Konzern übernimmt keinerlei Haftung oder Garantie für
Fehler oder Unvollständigkeiten in dieser Publikation. Der SAP-
Konzern steht lediglich für Produkte und Dienstleistungen nach der
Maßgabe ein, die in der Vereinbarung über die jeweiligen Produkte
und Dienstleistungen ausdrücklich geregelt ist. Aus den in dieser
Publikation enthaltenen Informationen ergibt sich keine weiterführen-
de Haftung.

Weitere Bücher von Espresso Tutorials

Dr. Boris Rubarth:

Schnelleinstieg in ABAP®

- ▶ Schritt-für-Schritt-Anleitungen für Anfänger
- ▶ Hilfen für Ihre erste eigene ABAP-Anwendung
- ▶ Nachvollziehbare Erläuterungen und Code-Beispiele
- ▶ Tipps und Tricks für das Programmieren in ABAP

http://5033.espresso-tutorials.com

Thomas Stutenbäumer:

SAP® Praxishandbuch ABAP Teil 1 – Konzeption, Entwicklung und Debugging

- ▶ Anforderungen und die Konzeption einer Lösung
- ▶ Debuggen für Einsteiger und Fortgeschrittene
- ▶ Das SAP Data Dictionary verstehen und verwenden
- ▶ Professionelle ABAP-Entwicklung

http://5046.espresso-tutorials.com

Corinna Zollmann:

Praxishandbuch SAPscript für SAP® ERP

- ▶ Schritt-für-Schritt-Anleitung für SAPscript-Einsteiger
- ▶ Hilfe für das Zusammenspiel von Druckprogramm, Layout und Texten
- ▶ Tipps und Tricks für die Analyse und Fehlersuche
- ▶ Ergänzende Videoanleitungen

http://5075.espresso-tutorials.com

Thomas Stutenbäumer:

SAP® Praxishandbuch ABAP Teil 2 – Performance, Erweiterungen, Transportwesen

▶ Einfluss des Entwicklers auf die Performance

▶ Änderungen und Erweiterungen am SAP-Standard

▶ Zugriffsschutz und Berechtigungen im SAP

▶ Das SAP-Transportwesen

http://5111.espresso-tutorials.com

Marcel Schmiechen:

Adobe® Interactive Forms – Interaktive Formulare in SAP®

▶ Aktuellste Formulartechnologie von SAP

▶ Interaktive Formulare in Geschäftsprozesse einbinden

▶ Dynamisierung von Formularen mittels JavaScript

▶ Performance-Analyse und -Optimierung

http://5125.espresso-tutorials.com

Jürgen Stuber, Jörg Siebert:

SAP® -Schnelleinstieg: ABAP-Entwicklung in Eclipse

▶ Einfach: Eclipse einrichten und erste Entwicklungsobjekte anlegen

▶ Nützlich: Auto-Vervollständigung, Quick Fixes, ABAP Doc & Co.

▶ Neu: Lokale Änderungshistorie, Quelltext-Vergleich u. a.

▶ Optisch verwandelt: Debugger in Eclipse

http://5153.espresso-tutorials.de

Ulrich Bähr, Axel Treusch:

Praxisbuch SAP® Interactive Forms und Adobe LiveCycle Designer

► Adobe-Produktwelt und PDF-Typen verstehen

► Grafische und Eingabeobjekte – die Bausteine eines Formulars

► XDP-Templates anlegen, einrichten, ex- und importieren

► Effektiv arbeiten durch Wiederverwendung

http://5158.espresso-tutorials.de

Rüdiger Deppe:

Schnelleinstieg in SAP® ABAP Objects

► ABAP Objects verständlich erklärt

► ABAP OO Programme planen, konzipieren und realisieren

► Zahlreiche Übungsprogramme und SAP-Screenshots

► ABAP OO-Klassen und deren Objektverarbeitung

http://5094.espresso-tutorials.com